4차 산업 혁명 시대,
우리 아이의 미래는?

# 4차 산업 혁명 시대,
# 우리 아이의 미래는?

초판 1쇄 발행 2018년 10월 30일

**글쓴이** 전진한

**펴낸이** 한혁수
**펴낸곳** 도서출판 다림

**총 괄** 모계영
**편 집 장** 이은아
**책임편집** 민가진
**편 집** 이예은, 한지영
**디 자 인** 강희철, 김세희
**마 케 팅** 구혜지, 한소정

**등 록** 1997년 8월 1일(제1-2209호)
**주 소** 07228 서울시 영등포구 영신로 220 KnK 디지털타워 1102호
**전 화** (02) 538-2913 | **팩 스** (02) 563-7739
**블로그** blog.naver.com/darimbooks
**다림 카페** cafe.naver.com/darimbooks
**전자 우편** darimbooks@hanmail.net

ISBN 978-89-6177-180-1 03370


*책값은 뒤표지에 있습니다.
이 도서의 국립중앙도서관 출판예정도서목록(CIP)은 서지정보유통지원시스템 홈페이지(http://seoji.nl.go.kr)와 국가자료공동목록시스템(http://www.nl.go.kr/kolisnet)에서 이용하실 수 있습니다.(CIP제어번호: CIP2018031926)

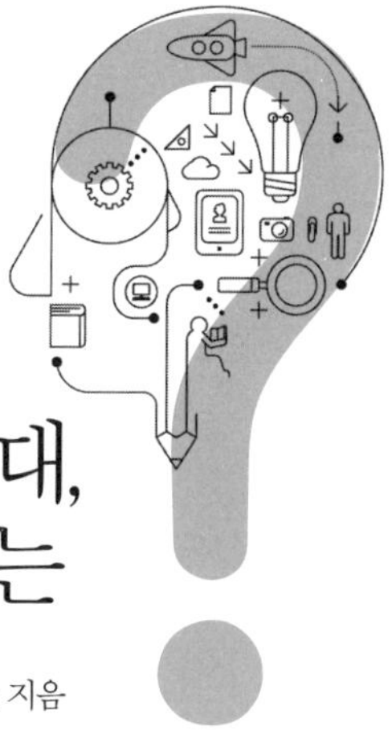

# 4차 산업 혁명 시대, 우리 아이의 미래는

전진한 지음

다림

차례

part 3

## 4차 산업 혁명과 직업의 원초적 변화



part 4

## 4차 산업 혁명 시대, 이제 무엇을 준비해야 할까?

# 4차 산업 혁명 시대에 '좋은 직업'은?

시민 활동을 하면서 많은 시민 단체 회원과 임원 들을 만났습니다. 시민 단체 상근자와 회원 들은 서로 목표하는 바가 뚜렷해서 금방 친해집니다. 술자리가 깊어지면 영락없이 고민거리를 서로 이야기하곤 하는데, 그의 상당 부분은 자식에 대한 염려였습니다. 예를 들면 서울에 있는 대학을 좋은 학점으로 졸업했지만 취업에 실패한 후 집 밖을 나가지 않는다는 것입니다. 처음에는 취업을 하지 못하는 것이 걱정이었는데, 이제는 방 안에서 게임만 하고 있어 답답하다는 이야기도 합니다. 이런 사례는 수없이 들려오고 있습니다. 대학 입시와 취업 경쟁에 실패한 젊은이들이 집 밖 출입을 거부하고 있는 것이지요. 1970년대 일본에서 나타나기 시작해 현재까지도 사회적으로 문제가 되고 있는 '히키코모리引き籠もり, 사회생활에 적응하지 못하고 집 안에만 틀어박혀 사는 사람들을 일컫는 말'가 우리 사회에서도 점점 늘어나고 있는 것입니다.

회원들의 요청으로 몇 명의 청년들을 직접 만나 본 적이 있습니다. 이 친구들과 술자리를 하면서 이야기를 듣다 보니 놀랍도록 비슷한 모습과 경험을 가지고 있습니다. 어두운 표정, 자신감 없는 몸짓, 떨리는 음성, 좀처럼 사람을 똑바로 바라보지 못하는 불안한 눈빛 등 말이지요. 좀 더 대화를 하다 보면, 과거의 상처받았던 기억, 특히나 학창 시절에 공부나 친구 관계로 자존감을 다쳤던 경험들을 듣게 됩니다.

학창 시절의 트라우마에서 빠져나오지 못하고, 사람들을 회피하는 악순환이 반복되면서 사회생활에 대한 자신감이 완전히 떨어지게 되지요. 이런 생활을 지속하면 자존감은 사라져 가고, 사람의 존엄성은 밑바닥을 드러내게 됩니다. 문제는 부모까지도 한심한 눈빛으로 이들을 보기 시작할 때 더욱 최악의 상황으로 빠져들게 된다는 것입니다.

이들에게 나타나는 현상은 무기력과 회피, 단절입니다. 폭식이나 거식증이 동반되어 체형이 극단적으로 비대하거나 마른 특징도 가지고 있습니다. 자신감이 사라지다 보니 구직 활동도 형식적으로 하게 되지요. 그러면서 적게는 서른 살, 많게는 삼십 대 후반이 된 것입니다. 사실 취업을 시도하기에 적절한 시기를 놓쳤다고 볼 수 있지요. 이 친구들에게 시민 단체에서 자원봉사도 시켜 보고, 술자리도 가져 보지만 쉽게 변하지 않습니다. 안타깝지만 제가 이들에게 해 줄 수 있는 것은 없습니다. 스스로 틀을 깨고 나오기만 기다려야 합니다.

제 큰아들도 중학교 2학년이 되니 어느 순간부터 말수가 줄어들고 방에서 잘 나오지 않았습니다. 아내 말로는 공부에도 흥미를 못 느끼고 게임만 하려고 한다는 것입니다. 사춘기 시절 대부분의 아이들이 이런 행동을 보인다면, 이것은 구조의 문제라고 봐야 합니다. 학원을 가지 않는다고 걱정하는 것은, 결국 좋은 대학에 입학하지 못하는 것을 걱정하고 있다는 뜻입니다. 모든 아이들의 평가 기준이 학원과 공부, 입시에 맞춰져 있는 것이지요. 이런 세상의 평가에 실망한 친구들은 자신감을 상실한 채, 점점 히키코모리의 세계로 빠져들어 가고 있는 것입니다.

좋은 대학을 가고, 가지 못하는 것이 사람에 대한 평가 기준이 될 수 있을까요? 사실상 우리나라는 알게 모르게 대학을 한 사람의 평가 기준으로 삼아 왔습니다. 심지어 대학을 중퇴하더라도 상관없었습니다. 오직 입학을 기준으로 평가를 하지요. 서울대, 연세대, 고려대, 서강대 등 대학은 서열로 정리되어 있습니다. 이 기준으로 기업은 사람을 선발하고, 승진의 기준으로 삼았습니다. 공무원도 다르지 않습니다. 선발 시험은 차별이 없으나, 승진에서는 대학이 큰 기준이 되기도 했습니다. 이것이 정당한 일일까요?

세상은 엄청난 속도로 변하고 있습니다. 대학이 사람에 대한 평가 기준이 되는지 의문을 제기하는 사람들이 늘어나고 있습니다.

특히 스마트폰의 등장과 4차 산업 혁명의 바람이 불면서, 좋은 대학을 졸업하지 않고도 스타트업을 만들어 내는 사례를 보게 됩니다. 참고로 스타트업이란 혁신형 기술과 아이디어를 보유한 초기 창업 기업을 말합니다. 기존의 세상에서 만들어 놓은 틀대로 살아가지 않는 사람들이 많아지고 있음을 의미하는 것이지요. 저도 그렇게 살아왔습니다. 경북 경산에 있는 대구대학교를 졸업하고, 서울에 올라와 열심히 살았을 뿐입니다. 1980년대 운동권 출신도 아니었지만, 멋진 시민 단체를 창립하고 키워 냈지요.

저는 제 큰아이에게도 공부가 중요하지 않으니 스트레스받지 말라고 말합니다. 스스로 원하면 고등학교를 진학하지 않아도 되고, 대학은 더더욱 안 가도 된다고 이야기해 주고 있습니다. 제가 이런 확신을 하게 된 것은 인생을 전혀 다르게 살아가는 사람들을 만나게 되면서부터입니다.

명문대를 다니는 것도 아니고 유복한 집안도 아니지만 꿈을 좇는 사람들을 많이 보게 되었습니다. 뒤에서 더욱 상세하게 언급하겠지만, 특히 형사 소송 지원 건으로 만났던 김민규 삼디몰 대표 사례는 충격이었습니다. 그는 상명대학교 천안캠퍼스를 휴학하고 3D 프린터 업체를 창업한 청년 CEO입니다. 창업 후 정부 산하 단체로부터 전기용품 안전관리법 위반으로 세 번이나 고발당했지만 전혀 위축하지 않고 자신의 사업을 키워 나가고 있습니다.

또한 후배이지만, 평소 존경하던 전 청년유니온 김민수 위원장은 대학을 중퇴했습니다. 등록금은 비싼데, 정작 대학에서는 무엇을 가르쳐 주는지 몰라 중퇴를 했다고 합니다. 고졸 학력에도 그는 청년유니온 위원장을 맡아 멋진 활동을 벌여 왔습니다. 프랜차이즈 카페 아르바이트, 미용실 스태프, 학원 강사, 감정 노동자, 산학 협력 현장 실습생의 열악한 노동 환경을 세상에 알리기도 했습니다.* 김민수 위원장이 고졸이라는 것은 그의 활동에 아무런 영향을 끼치지 못했지요.

이렇듯 학력과 상관없이 자신의 진로를 잘 찾아 성공한 사람들을 많이 보고 있습니다. 이들에게는 어떤 공통점이 있을까요? 이들은 자존감이 높고 공감 능력이 뛰어나다는 특성을 가지고 있습니다. 대학을 자신의 평가 기준 및 관심거리에서 제외한 결과이지요. 즉, 사회에서 어떤 평가를 내리든, 스스로 삶을 개척해 나가고 있는 것입니다. 창업에서 대학은 부가적인 요인일 뿐, 본질적인 요소가 아니니까요.

저는 2015년 2월 말경, 창립 때부터 참여해 상근 소장으로 근무했던 '투명사회를 위한 정보공개센터'를 사직했습니다. 단체는 성장 중이었고, 재정이 힘들었던 것도 아니지만 사임 의사를 전달했지요. 그러고는 또 다른 새로운 비영리 민간단체 창립에 참여했습

* 백일현, 「취준생이 노조에 가입? 조합원 900명 '청유'로 오세요」, 〈중앙일보〉, 2015년 2월 16일.

니다. 그 이후 사람들은 제가 창립한 단체를 사직한 이유와 살아가는 방식을 듣고 싶어 했습니다. 언론 인터뷰도 하고, 작은 소모임에 초대되어 강의를 하기도 했습니다. 중·고등학교 동창들은 이런 저를 보며 놀라워했습니다. 친구들의 말에 따르면 저는 학창 시절 공부 못하는 변방의 평범한 학생일 뿐이었습니다. 그런 제가 대중들에게 강의하는 것이, 가끔 언론에서 인터뷰하는 것이 너무 신기하다는 것입니다.

사실 저는 그저 제 분야에서 열심히 했을 뿐입니다. 시민운동이 좋아 무작정 서울로 올라와 한 번의 취업과 세 번의 단체 창립을 했습니다. 같이 술잔을 기울이던 사람들이 좋았고, 그분들과 계속 함께하고 싶어 단체 창립을 했을 뿐입니다. 단체 운영이 안정권에 접어들자 저의 역할이 필요 없어졌다는 생각이 들어 사임을 했지요. 그렇게 집에서 쉬고 있다가 주변에서 좋은 목적을 가지고 새로운 단체를 만든다는 이야기를 듣고, 또 같이 창립에 참여한 것이 전부입니다. 이것이 하나의 스토리가 되어 언론에 보도되기 시작한 것입니다.

그리고 우연한 기회에 중·고등학교 학부모 모임에서 이런 스토리를 모아서 이야기를 들려주었습니다. 강의에서는 제 이야기와 함께 학창 시절 성적이 뛰어나지 않았지만, 자신만의 방법으로 성공적인 인생을 살고 있는 사례들을 소개해 보았습니다. 강의의 반응은 뜨거웠습니다. 평생 학습관, 도서관 등에서 4주간 4차례, 총

8시간의 강의를 하는 동안 빈자리는 없었습니다. 심지어 어떤 분은 남편을 데려와서 같이 듣기도 했고, 또 어떤 분들은 식사 초대를 하며 상담을 신청하기도 했습니다. 자식 걱정에 눈물을 글썽이던 이도 만났습니다. 모두 다 현재의 평가 기준에 적응하지 못하는 중·고등학생 자녀를 둔 부모였습니다.

그분들은 제게 자녀가 좋은 대학을 가지 못하면 인생의 낙오자로 살게 될지도 모른다는 불안감에 떨었는데, 강의를 듣고 새로운 희망을 가졌다는 말을 해 주었습니다. 가만히 생각해 보면, 우리는 정규 교육에서 밀리면 인생에서도 밀린다는 불안감을 가지고 살았던 것입니다. 학교가 배움의 즐거움을 깨닫는 곳이 아니라, 경쟁의 지옥을 경험하는 곳이 된 것이지요. 저는 강의 때마다 학력과 관련 없는 새로운 직업을 소개해 주었습니다. 많은 사람이 잘 모르고 있지만, 실제로는 학업과 관련 없이 좋은 직업이 많이 존재하고, 매년 새로운 직업들이 만들어지고 있습니다. 오히려 이런 흐름을 따라가지 못하는 대학은 큰 위기에 봉착했지요. 인재의 기준으로 활용되던 대학도 더 이상 성공의 기준이 되지 못하는 것입니다.

우리가 깨닫지 못하는 사이 '직장'의 시대도 끝나고 있습니다. 정년을 생각해 보세요. 정년 60세는 평균 수명이 70세가 되지 않았을 때 만들어진 제도입니다. 지금은 100세 시대입니다. 아무리 좋은 직장을 가진다 하더라도 정년 제도로 인해 60세까지밖에 일할 수 없습니다. 즉, 직장은 평균 수명이 90세에 가까운 우리 자녀들의 시대에는 대안이 될 수 없다는 이야기입니다. 정년퇴직 후 30년을 무엇을 하며 지낸다는 말입니까? 직장을 마친 후에도 대안을 가지고 있어야 합니다.

지금은 출세의 사다리라고 여겼던 변호사, 의사, 대기업, 각종 전문직 등 소위 잘나가는 직업에도 너무 많은 사람이 몰려들어 최악의 시대입니다. 해당 직업 종사자의 정원을 조금씩 늘려 나간 것이 다른 지옥문을 활짝 연 계기가 되었지요. 이제 변호사가 되면 평생 생계 걱정은 하지 않아도 된다는 말은 옛말이 되었습니다. 이런 현실을 우리 부모들은 냉정하게 인식해야 합니다.

기존 교육 시스템으로는 4차 산업 혁명과 함께 폭발적으로 늘어나고 있는 새로운 직업을 멍하니 바라볼 수밖에 없습니다. 기회가 열려 있는데도, 기회인지를 모르는 것이지요. 결국 4차 산업 혁명 시대를 준비하는 것은 기존 교육 시스템이 아니라 새로운 시대를 준비하는 자존감과 공감 능력, 그리고 신뢰성과 도전 정신입니다. 외부적 평가에 주눅 들지 않는 자존감과 시대의 아픔에 공감할 수 있는 능력을 갖추고, 미개척 분야에 도전하는 사람이 새로운 인재가 될 것입니다. 저는 기회가 될 때마다 이런 현실을 이야기하고 있습니다.

저는 교육 전문가도, 4차 산업 혁명 전문가도 아닙니다. 다만 기록·정보 활동가로 한 분야에서 열심히 일하다 보니, 자연스럽게

4차 산업 혁명에 관심을 갖게 되었습니다. 4차 산업 혁명은 우리의 두뇌를 대체하는 '인공 지능'의 시대입니다. 아무리 빨리 외우고, 수학 문제를 잘 풀어도 스마트폰보다 빠르고 정확하게 해결할 수는 없습니다. 말을 배우는 것보다 스마트폰을 먼저 익히는 시대이지만, 여전히 암기 혹은 사지선다가 교육의 평가 기준으로 사용되고 있지요. 그러나 아무리 생각해도 이런 것들은 우리 아이들을 평가할 기준이 되지 못합니다. 아이들의 자존감을 다치게 하는 것을 막기 위해서는 부모들의 생각부터 바꿔야 합니다.

어느 날 게임을 많이 하는 아들 때문에 걱정이라는 어머니에게 이렇게 말했습니다. 평생 게임하는 시간은 정해져 있다고 말입니다. 어릴 때 게임을 많이 하면 어른이 되어서는 자연스럽게 게임을 안 하게 됩니다. 게임을 많이 하면 언젠가는 지겨워지고, 게임이 지겨우면 자신만의 공부를 시작하게 되거든요. 저만 보더라도 그렇습니다. 어릴 적 집 주위에는 온갖 오락실, 파친코 업체, 성인 만화방, 성인 영화관이 즐비했습니다. 호기심이 많았던 저는 이 가게들을 매일 드나들며 살았습니다. 공부는 늘 뒷전이었지요. 그런데 40대 중반이 된 지금은 이런 곳에 아무런 흥미가 없습니다. 군 복무 시절부터 책을 읽기 시작했고, 제대 후 수능 공부를 한 뒤 대학에 늦게 입학했습니다. 저는 이 시기에 많은 시간을 대학 도서관에서 보냈는데, 책을 읽으며 하루를 보내는 것이 그렇게 즐거울 수가 없더군요. 이렇게 대학교 캠퍼스에서 미친 듯이 독서와 사색에 매달렸습니다.

그렇게 책을 읽다가 뜻한 바가 생기고, 모교를 바꾸겠다는 마음으로 총학생회장 선거에 출마하기도 했고, 방학 기간에는 동아리 후배들을 데리고 전국 곳곳을 누비기도 했습니다. 그러다 졸업을 앞두고 박원순 시장을 만나 시민 활동가의 꿈을 꾸게 되었지요. 그리고 실제로 시민 활동가가 되어 17년 동안 엄청난 변화를 경험하고 있습니다. 중·고등학교 시절, 공부에 전혀 흥미를 느끼지 못하다가 20대 초반부터 변하기 시작했지만, 지금은 아무런 문제 없이 살아가고 있습니다. 한 분야를 열심히 하다 보니, 2010년부터 대학교에서 강의도 하게 되었고 다양한 활동도 재미있게 하고 있지요.

외고, 과학고, 자사고를 가지 않아도, 소위 명문대에 입학하지 못하더라도 인생을 망치는 것이 아닙니다. 학벌의 시대는 서서히 사라지고 있습니다. 새로운 시대에 발맞춰 기존의 평가 시스템은 폐기될 것이며, 이를 대비해 차원이 다른 준비를 해야 합니다. 그러니 아이들을 기성세대의 좁은 시각으로 평가하지 않았으면 좋겠습니다. 기성세대들은 아이들이 어떤 인생을 살아갈지 예측할 수 없습니다. 저의 학창 시절만 하더라도, 스마트폰이 출시되고, 세상이 이렇게 변할지 그 누가 예상할 수 있었겠습니까?

이 책은 최근 유행처럼 번지고 있는 4차 산업 혁명이 무엇인지 쉽게 설명해 줄 것입니다. 그 실체에 대해서 많은 논쟁이 있지만,

우리 사회는 이미 4차 산업 혁명의 거대한 소용돌이에 접어들었습니다. 인공 지능, 무인 자동차, 빅데이터, IoT Internet of Things, 사물인터넷, 스마트폰으로 대표되는 이 시대에 우리 아이들이 무엇을 준비해야 하는지 알아보겠습니다.

또한, 최근 발생하고 있는 디지털 범죄의 유형에 대해 다룰 것입니다. 디지털 시대에 씻을 수 없는 범죄를 저지르고 있는 사람들이 늘어나고 있는데, 걱정스러운 점은 청소년 범법자의 수가 많아지고 있는 것입니다. 심지어 디지털 범죄가 범죄인지도 모르는 청소년도 많아, 심각성을 더하고 있습니다. 일명 '4차 산업형 범죄'라고 불리는 이런 범죄 행위가 다른 사람들에게 얼마나 큰 피해를 주는지 가르쳐 주는 곳도 없습니다. 기성세대들이 디지털 범죄를 정확히 알아야 범죄를 예방할 수 있습니다.

부록으로 인생을 살아갈 힘을 얻을 수 있는 책과 영화를 소개할 것입니다. 어쩌면 백 번의 수업보다 무심코 읽은 책 한 권이 더 많은 인생의 변화를 가져오기도 합니다. "사람이 만든 책보다 책이 만든 사람이 많다."라는 말이 있습니다. 저 또한 여러 책과 영화를 보며 크게 위로받고 공감한 경험이 있습니다. 특히, 신영복 선생님의 책은 암흑 같았던 군 시절, 저에게 잘못된 선택을 하지 않고 버티게 해 주었던 힘이 되어 주었습니다. 이 책에서 소개하고 있는 책과 영화를 아이들과 함께 보며 많은 이야기를 나눠 보기를 바랍니다.

마지막으로 다시 한 번 당부하지만, 이 책은 4차 산업 혁명 전문 서적이 아닙니다. 지식을 전달해 주기 위한 것이 아니라, 직업에 대한 생각과 미래를 예측하는 목적이 더욱 큽니다. 부모들이 한 번밖에 없는 인생을 아이들과 동반자로 잘 어울리며 살아가길 바라는 마음에서 썼습니다. 이것은 제 자신에 대한 다짐이기도 합니다. 이 책을 통해 학교 공부가 인생에서 큰 의미가 아니라는 것을 말하고 싶었습니다. 학교 공부보다 더욱 소중한 것들이 한없이 쌓여 있습니다. 책을 덮고 그것을 느꼈다면 더할 나위가 없을 것 같습니다.

part1

# 4차 산업 혁명은 무엇인가?

스마트폰의 등장

알파고의 충격적인 데뷔

생활 제품 속 인공 지능

인간의 고유 영역을 노리는 인공 지능

## 스마트폰의 등장

4차 산업 혁명은 구체적으로 무엇일까요? 인공 지능 과학자, 빅데이터 전문가, 인문학자들이 4차 산업 혁명의 실체에 대해서 말하고 있습니다만, 생소한 용어들로 장황하게 설명하다 보니 일반인들 입장에서는 그들의 설명이 어렵기만 합니다. 하지만 4차 산업 혁명은 생각처럼 어려운 개념이 아닙니다. 저는 4차 산업 혁명은 '스마트폰의 보급'으로 시작되었다고 보고 있습니다. 우리가 매일 쓰고 있는 이 스마트폰이 왜 4차 산업 혁명의 시작일까요?

우선 이름이 '스마트'폰입니다. 스마트Smart의 대표적인 뜻은 '현명한' '영리한'입니다. 스마트폰은 PC의 소형화된 운영 체제를 탑재한 기기에 무선 전화 통신이 가능한 하드웨어와 소프트웨어 모듈이 추가된 휴대 전화라는 뜻입니다. 개발자들이 만들어 내고 있는 애플리케이션이하 앱을 다운로드받을 수도 있고, 카카오톡, 텔레그램, 밴드 등 다양한 SNS 앱을 통해 다른 사람들과 매일 커뮤니케이션도 가능하지요.

스마트폰은 닫혀 있는 기계 장치가 아니라 끊임없이 진화하고 발전하는 유통 공간입니다. 그것도 스마트폰을 사용하고 있는 자신을 중심으로 말입니다. 스마트폰은 가만히 내버려 두어도, 자동 업데이트가 되고 각종 정보가 쏟아집니다. 온종일 스마트폰만 보고 있어도 심심하지 않지요.

더욱 중요한 것은 사람의 '뇌' 기능을 스마트폰이 대체하고 있다는 점입니다. 예전에 술자리에 가면, 참 말싸움을 많이 했습니다. 연예인 누구 나이가 몇 살이다 하면서 말입니다. 유치한 논쟁 때문에 큰 싸움으로 번지기도 했지요. 스마트폰 사용이 일상화된 지금은 그런 싸움이 잘 일어나지 않습니다. 대부분이 스마트폰을 가지고 있고, 스마트폰으로 검색을 하면 1초 만에 나이를 알 수 있으니까요.

일을 하다가 모르는 것이 있으면 그 분야 전문가들에게 카카오톡 메시지를 보내 물어볼 수도 있고, 친한 전문가가 없다 하더라도 페이스북에 글을 남겨 두면 재야의 고수들이 나타나서 댓글을 달아 주기도 합니다. 예를 들어 인터넷에 맛집을 검색하면 광고 글이 많이 나오잖아요. 그래서 저는 가끔 페이스북에 지역의 유명한 맛집이 어디인지 물어보는 글을 남깁니다. 그러면 기가 막히게도 그 지역의 전문가들이 나타나서 맛집을 알려 주지요.

그뿐만 아닙니다. 내비게이션 앱에 목적지만 입력하면 지금 있는 곳에서부터 목적지까지의 최적의 경로를 정확히 가르쳐 주기도 하며, 스마트폰을 이용해 입장권, 승차권, 비행기표 등 각종 티켓을 예약, 결제할 수 있습니다. 저는 강의하러 갈 때 KTX나 비행기를 자주 이용하는데, 급할 때는 길을 걸으면서 예약과 결제를 동시에 한 적도 많습니다. 또한 삼성페이, 네이버페이, 카카오페이 등 스마트폰에 신용 카드가 탑재된 핀테크FinTech, 금융과 모바일 IT 기술이 결합된 금융 서비스를 사용하면 신용 카드를 따로 가지고 다닐 필요 없이 신용 카드 기계에 스마트폰만 갖다 대면 결제를 할 수가 있지요.

개인적으로 최근 '카카오 T'라는 앱의 충격적인 기능에 매우 놀란 적이 있습니다. 카카오 T는 택시 호출, 대리운전, 주차장 안내, 내비게이션까지 다양한 서비스를 제공하는 앱입니다. 얼마 전 강의를 위해 제주도 서귀포시에 갔고, 거기에서 처음으로 카카오 T를 사용했습니다. 택시 호출을 하자 택시 기사의 신상 정보와 함께 제가 있는 위치로 택시가 몇 분 후에 도착하는지 메시지가 오는 것을 보고 깜짝 놀랐습니다. 게다가 택시가 제가 있는 장소로 '정확하게' 도착하더군요. 놀라운 기능이지요. 카카오 T가 등장한 후 더 이상 덥거나 추운 날씨에 길거리에서 언제 올지 모르는 택시를 한없이 기다리지 않아도 되고, 어떤 택시가 손님을 태웠는지 정확히 기록에 남기 때문에 늦은 시간에도 마음 편하게 택시를 부를 수 있게 된 것이지요. 이 서비스가 좀 더 확장되면 국내를 넘어 전 세계

어디에서도 사용할 수 있지 않을까요? 미국 뉴욕에서도 카카오 택시를 부를 수 있는 날이 머지않은 것 같아요.

이렇듯 스마트폰은 우리의 생활을 완전히 바꾸어 놓았습니다. 세상에 이렇게 편리한 장치도 없을 것입니다. 앞에서 말한 스마트폰의 다양한 기능은 인공 지능과 유사한 점이 많습니다. 알파고가 등장하기 전부터 우리는 인공 지능을 경험하고 있었던 것이지요. 스마트폰은 이미 사람의 두뇌 및 컴퓨터의 역할을 대신하고 있습니다. 또한 여러 사람의 창작 프로그램이 유통되면서 스마트폰은 더욱 발전, 진화하고 있지요. 스마트폰을 예전 전화기처럼 단순하게 사용하는 사람들도 있겠지만, 대부분의 사람들은 스마트폰에 만들어 놓은 기능을 자연스럽게 즐기고 있습니다. 애플의 창업자인 스티브 잡스가 2007년 개발한 스마트폰은 4차 산업 혁명을 예고하고 있었던 셈입니다.

## 알파고의 충격적인 데뷔

바둑에 대해 잘 알고 계신가요? 바둑을 잘 모르는 사람들이 보면, 검은 돌과 흰 돌로 각각 집을 짓고, 집 수에 따라 승패를 결정하는 단순한 게임이라고 생각할지도 모릅니다. 집을 많이 짓는 사람이 승리하는 것은 맞지만, 그 과정에서 치열한 전투와 협상, 맞바꾸기 등 온갖 일들이 벌어지지요. 바둑판은 가로세로 19줄씩, 총 361개의 교차점을 가지고 있습니다. 단순하게 계산했을 경우, 바둑의 경우의 수는 361팩토리얼1부터 361까지 차례대로 곱한 수이 됩니다. 이는 계산이 불가능한, 사실상 무한대의 경우의 수가 있음을 의미하지요. 바둑은 첫수부터 마지막 수까지 완전히 똑같은 판은 단 한 판도 나오지 않습니다. 몇백 수를 예측하는 프로 기사들도 간혹 어이없는 실수를 하기도 합니다. 그만큼 복잡한 것이 바로 바둑이지요.

저는 바둑 관전을 좋아하는데, 특히 이세돌 9단의 팬입니다. 이세돌 9단은 한국 바둑계에서는 절대적인 존재입니다. 이세돌 9단은 전남 신안군 비금도 출신으로, 1995년 열세 살이라는 어린 나이에 프로가 되었습니다. 여섯 살부터 바둑을 두었다고 하는데, '세돌'이라는 이름부터가 바둑을 위해 태어난 듯한 느낌을 주지 않나요? 그는 데뷔 5년 후인 2000년에는 32연승이라는 기록을 세우며 '불패 소년'이라는 별명을 갖게 됩니다. 그때부터 한국 최정상급 기사였지요. 이세돌 9단은 진흙탕 싸움을 즐기고, 촌철살인과 같은 수로 상대편을 제압합니다. 보통 바둑에서는 자신이 유리하다고 생각하면 싸움을 피합니다. 그러나 이세돌 9단은 크게 이기고 있을 때에도 싸움을 피하지 않습니다. 상대방이 항복 선언을 할 때까지 처절하게 응징하지요. 권투로 치면 전형적인 인파이터 선수입니다. 이 싸움을 보고 있다 보면, 묘한 카타르시스가 느껴지곤 합니다.

조훈현 9단과 서봉수 9단의 경기도 만만치 않습니다. 어릴 때 KBS 바둑왕전에서 이 두 기사의 경기를 2~3시간 동안 지켜봤던 기억이 생생합니다. 어떻게 그 순간에 저런 수를 둘 수 있는지 감탄하면서 말입니다. 두 기사 간에 대결은 처절함이 무엇인지 생생하게 보여 주었어요. 조훈현 9단은 정통 일본 유학파의 천재형 바둑 기사였던 반면, 서봉수 9단은 독학으로 바둑을 배웠고 시장판 내기 바둑으로 생계를 유지했던 재야의 고수였습니다. 바둑을 배워 온 환경이 전혀 다른 두 사람이 벌이는 경기라니, 얼마나 극적입니까? 조훈현 9단이 항상 조금씩 우세했지만, 마지막에 서봉수 9단이 역전할 때면, 일본 유학파를 시장판 내기 바둑 출신이 이겼다며 바둑 팬들 사이에서 며칠간 화제가 되기도 했지요.

어쩌면 바둑판은 천재적인 두뇌들이 반상 위에서 치고 빠지면서 자웅을 겨루는 콜로세움이라고 할 수 있습니다. 제게 모든 분야에서 가장 두뇌가 뛰어난 직업군을 꼽으라면 바둑 기사를 꼽고 싶을 만큼, 바둑 기사 중에는 천재들이 많다고 생각합니다. 앞서 언급한 조훈현 9단과 서봉수 9단, 그다음 세대인 이창호 9단, 박영훈 9단, 최철환 9단, 그리고 알파고와의 세기의 대결로 더 유명해진 이세돌 9단 등 이름만 들어도 존경심이 드는 기사들이 많이 있지요. 전문가들 역시 컴퓨터가 마지막까지 사람을 이길 수 없는 분야는 바둑이라고 생각했어요. 심지어 바둑 기사들도 컴퓨터는 자신들의 영역을 침범할 수 없다고 단언했지요. 불과 2016년까지는 말입니다.

2015년, 구글이 소유한 인공 지능 기술 개발 업체 '딥마인드'가 인공 지능으로 무장한 알파고를 세계에 선보였습니다. 그리고 그해 10월, 유럽 바둑 챔피언인 판후이와의 대결에서 알파고가 세상에 모습을 드러내었지요. 쉽게 말해 인공 지능과 인간의 지능이 만나 펼치는 첫 바둑 대결이었습니다. 이 대결은 많은 사람들의 이목을 끌었습니다. 물론 인공 지능이 이길 것이라는 기대감보다는, 처음 있는 흥미로운 대결이었던 점에서 말이지요. 그런데 상상도 못 한 일이 발생합니다. 예상과 다르게 알파고가 판후이 2단과의 대결에서 5전 전승을 거둔 것입니다. 더욱 놀라운 것은 알파고는 학습 기능이 있어 전 세계에서 벌어지는 바둑을 실시간으로 입력하고 배우고 있다는 사실이었습니다. 즉, 닫혀 있는 프로그램이 아니라 계속 성장해 나가고 있다는 것입니다.

이후 구글은 보란 듯이 다음 상대로 우리나라의 슈퍼스타인 이세돌 9단을 지목합니다. 하지만 이때까지만 해도 한국 바둑계는 크게 걱정하지 않았어요. 판후이 2단이 유럽 바둑 챔피언이긴 하지만, 한국 프로 기사의 바둑 실력보다는 한 수 아래로 평가받았거든요. 게다가 이세돌 9단은 세계 최정상에서 10년 이상 자리를 지킨 천재 바둑 기사이니까요.

구글에서 제시한 조건은 파격적이었습니다. 승패와 상관없이 다섯 판의 대국을 모두 마치면 대국료 15만 달러를 주고, 1승 할 때마다 승리 수당으로 2만 달러를 지급한다는 것이었지요. 그리고 세 판 이상 승리해 이 대결에서 이세돌 9단이 이길 경우, 상금으로 무려 100만 달러를 제시합니다. 이세돌 9단은 승리를 확신했기 때문에 당연히 이 제안을 받아들입니다.

5 대 0으로 이세돌 9단이 이겼을 때 받게 될 총 상금은 125만 달러였습니다. 바둑에서는 어마어마한 상금이지요. 구글에서는 왜 이런 파격적인 조건을 내세웠을까요? 구글은 알파고가 이세돌 9단

과의 대결에서 이길 것을 강하게 자신하고 있었던 것 같습니다. 만에 하나 자신들의 예측과 달리 알파고가 패하더라도 알파고의 가능성을 전 세계에 홍보할 좋은 기회라고 생각했던 것이지요.

그러나 이세돌 9단뿐만 아니라, 바둑계와 팬들은 이세돌 9단의 승리를 예상했습니다. 이세돌 9단의 친형인 이상훈 9단도 대국 당일 한 언론과의 인터뷰에서 "알파고가 제가 예상했던 것보다는 훨씬 더 강한 실력인 것 같지만 이세돌 9단에게는 힘들 것 같다. 사실 이세돌 9단은 제가 꾸준히 봐 온 바에 의하면 많이 바뀌었다. 알파고가 그렇게까지 바뀌어 온 과정을 다 이해할 수 있으리라고 생각하지 않는다."라고 말하며 이세돌 9단의 전승을 확신했지요.* 저도 이 대결을 앞두고 언론사에 이세돌 9단이 5 대 0이나 4 대 1로 승리한다는 글을 기고하기도 했습니다.** 그런데 제 주위에서는 반대 의견도 있었습니다. 특히 인공 지능에 조금이라도 관심이 있는 사람이면, 알파고가 이길 것으로 예측을 했습니다.

세간의 관심 속에 2016년 3월 9일, 전 세계 언론의 집중을 받으며 또 한 번의 사람과 인공 지능의 대결이 시작됩니다. 그 관심과 긴장감은 대단했습니다. 전 국민이 TV에서 바둑을 시청할 정도였으니까요. 이때 알파고의 손이 되어 대신 바둑돌을 두었던 대리인

* 강아영, 「이세돌 9단 친형 이상훈 9단 "5 : 0으로 승리할 것"」, 〈한국기자협회〉, 2016년 3월 9일.
** 전진한, 「이세돌-알파고 대결, 이세돌이 진다한들…」, 〈프레시안〉, 2016년 3월 2일.

아자황 박사의 모습도 이슈가 되었습니다. 그는 바둑을 두는 내내 무표정한 얼굴로 화장실도 한 번 가지 않고, 알파고가 지시한 것을 충실히 이행했습니다. 인공 지능의 대리자 역할을 했던 아자황을 보면서 미래의 인간의 역할을 보는 것 같다는 이야기가 나오기도 했습니다. 그런데 알고 보니 아자황 박사는 알파고를 개발한 핵심 멤버였습니다. 재밌지 않습니까? 자신이 개발한 알파고의 지시를 그대로 이행하는 프로그래머라니. 누가 누구를 지배하고 있는 것인지 헷갈립니다.

결과는 알다시피 이세돌 9단이 1 대 4로 패배합니다. 이 경기로 바둑계는 물론 전 세계가 충격을 받았습니다. 알파고를 개발한 팀을 제외하고 말입니다. 저도 이 충격적인 패배를 보면서, 며칠 동안 멍하게 보냈던 기억이 납니다. 이 사건은 인류 역사에서 매우 중요한 한 장면이라고 생각합니다. 영국이 실을 뽑는 방적기와 증기 기관차를 발명함으로 식민지 물자를 대량으로 유통했던 1차 산업 혁명처럼 말입니다.

알파고는 거침없는 행보를 보입니다. 그 당시 세계 랭킹 1위였던 중국의 대표 바둑 기사인 커제 9단까지 3 대 0으로 물리치며 사람 중에서는 알파고의 상대가 없다는 것을 선언합니다. 커제 9단은 알파고와의 마지막 대국 중 압박감을 이기지 못하고 눈물을 터트리고 말지요. 커제의 울음은 사람의 두뇌가 인공 지능에 패배한 상징적인 장면이 될 것입니다.

알파고의 승리는 무엇을 의미할까요? 앞에서 말했듯이 바둑은 경우의 수가 무한대에 가까울 정도로 복잡하고 어려운 게임입니다. 알파고가 사람과의 바둑 대결에서 승리했다는 것은 사람이 독점하고 있는 다른 분야에도 인공 지능이 도전할 수 있으며, 사람을 대체할 가능성이 충분히 있음을 시사하는 것이지요.

## 생활 제품 속 인공 지능

알파고의 등장 이후, 초보적인 단계이지만 인공 지능 제품들이 쏟아지고 있습니다. 최근 TV 광고에 많이 등장하고 있는 인공 지능 스피커가 대표적인 제품입니다. 이 스피커의 특징은 사람의 음성을 정확히 인식한다는 것입니다. 쉽게 말해 리모컨을 이용하던 것을 사람의 목소리로 직접 전달하는 것이지요.

만약 인공 지능 스피커에게 "서울시 방이동 날씨 어때?"라고 물어보면, "현재 방이동은 맑아요. 이후 오후 6시에는 구름이 많아지면서, 9시에는 비가 내리겠어요. 기온은 15도에서 20도로 시원할 것 같아요. 우산과 겉옷 챙기는 거 잊지 마세요."라고 구체적으로 대답해 줍니다. 기계적인 단순 답변이 아니라, 인간처럼 답변을 해주는 것이지요.

단순한 정보 전달뿐만 아니라, 판단이 필요한 질문에도 응답해 줍니다. 최근 출시된 '카카오 미니'는 "비 오는 날 듣기 좋은 노래 추천해 줘."라고 요청하면, 음악 서비스 플랫폼인 멜론과 연결해 선곡해 주지요. 사람의 판단을 스피커가 대신해 주는 것입니다. 이뿐만 아니라, 각종 스케줄 관리, 라디오, 뉴스 브리핑, 교통 정보 등 사실상 생활과 관련된 모든 정보를 제공해 줍니다. 또한 가정에 있는 모든 가전을 제어할 수도 있습니다. 가령 인공 지능 스피커로 홈IoT스마트 홈과 사물인터넷을 결합한 단어를 구축하면 간단한 음성 명령으로 침대의 높이, TV 채널 변경 및 전원 설정, 조명 밝기 조절 등의 제어가 가능하지요.

인공 지능 에어컨도 많은 주목을 받고 있습니다. LG의 시스템 에어컨은 인공 지능을 탑재해 실내 공기 상태에 따라 자동으로 쾌적한 환경을 유지할 수 있게 했습니다. 온도와 습도를 동시에 감지하도록 해 습도에 따른 적정한 온도를 유지하며, 사람이 외출하면 운전량을 자동으로 조절해 에너지 사용량을 줄여 주기도 합니다. 스마트폰 앱을 다운로드받아 외부에서도 작동이 가능하도록 되어 있지요.

미세 먼지가 많아짐에 따라 인공 지능 공기 청정기 출시도 잇따르고 있습니다. 실내 공기가 오염되기 전에 스스로 청정 모드를 가동시키기도 하고, 실내 오염 패턴을 학습하기도 합니다. 가령 요리하는 시간, 아이들이 노는 시간, 잠자는 시간 등 일정 생활 패턴에 맞춰 공기 청정 기능을 자동으로 조절해 주는 것이지요. 이 역시 스마트폰 앱을 이용해 실내 미세 먼지 현황 등을 실시간으로 확인할 수도 있습니다.

이렇게 인공 지능 제품들은 우리 가정 환경을 하나씩 바꾸어 나가고 있습니다. 아마도 향후에는 가정뿐만 아니라, 학교, 병원, 공장 등 각 장소에 유용한 인공 지능 제품이 쏟아질 가능성이 높아 보입니다.

## 인간의 고유 영역을 노리는 인공 지능

인공 지능으로 지칭되고 있는 4차 산업 혁명은 가전제품에서 그치는 것이나 아니라, 우리 생활 속에 더욱 깊이 들어올 것입니다. 인간만이 할 수 있는 고유 영역이라 믿었던 분야들을 대체해 나갈 것이라는 말이지요. 그 대표적인 것이 바로 운전입니다. 전문가들은 기술적으로 인공 지능이 운전을 할 수 있다고 진단하고 있습니다. 지난 2018년 1월 9일~12일 미국 네바다주의 라스베이거스에서 개최되었던 '2018 소비자 가전 전시회CES, Consumer Electronics Show'에서 인공 지능을 기반으로 한 자율 주행 자동차가 공개되었습니다. 포드와 벤츠, 토요타, 그리고 우리나라의 현대, 기아차 등은 맞춤·주문형 자율 주행 자동차가 스마트 시티에 어떻게 적용되고 구현될 것인지 보여 주었습니다.* 즉, 인공 지능이 운전하는 시대가 이미 도래했다는 것이지요.

운전은 바둑처럼, 어쩌면 바둑보다 더 복잡한 행위일 수 있습니다. 차선 변경, 끼어들기, 안전거리 확보, 급브레이크, 주차, 사고 대처 등 운전하면서 나타나는 여러 상황에 대해 매번 인간의 판단이 필요하기 때문이지요. 이런 판단을 알파고 같은 인공 지능이 모두 학습할 수 있다면, 운전도 충분히 가능할 것입니다.

일각에서는 자율 주행 자동차는 시기상조라고 주장하기도 합니다. 사실 자동차 사고가 발생했을 때 법적인 책임 문제 때문에 여러 국가에서 자율 주행 자동차 도입을 주저하고 있지요. 예를 들어, 만약 사람이 자율 주행 자동차에 치어서 사망한다면 어떨까요? 실제로 2018년 3월에 미국 애리조나주 피닉스 교외에서 차량 호출 업체 우버의 자율 주행 자동차가 길을 건너던 보행자를 치어 보행자가 사망하는 사고가 발생했어요. 운전석에는 운전자가 앉아 있었지만, 사고 당시 우버 차량은 자율 주행 모드로 고정되어 있던 것으로 드러났습니다. 이런 경우 누구에게 사고의 책임을 물어야 할까요? 자동차 회사인지, 운전자인지, 아니면 자율 주행 프로그램을 설계한 사람인지, 각종 센서 장치를 만든 사람인지 등 복잡한 문제가 발생하겠지요.

다른 예를 들어 보겠습니다. 만약 자율 주행 자동차가 도로를 주행하는 중에 도로로 사람이 갑작스레 튀어나왔다고 생각해 보세

* 홍대선, 「자율 주행 자동차, 인공 지능과 함께 진화하다」, 〈한겨레〉, 2018년 1월 16일.

요. 그 사람을 피하려고 급히 핸들을 돌리면 가로수에 부딪혀 탑승자가 다친다고 했을 때, 인공 지능은 어떤 선택을 해야 할까요? 인공 지능 프로그래머는 여러 상황에 대해서 많은 고민을 해야 할 것입니다. 이런 문제들만 해결된다면 무인 자동차 시장은 폭발적으로 늘어날 것이고, 사람만이 할 수 있을 것이라 생각했던 하나의 영역이 사라지게 되겠지요.

그리고 이를 시작으로 인공 지능은 그동안 전문가의 영역으로 평가받았던 각종 분야도 점차 잠식해 나갈 것입니다. 제가 일하는 분야부터 벌써 걱정되기 시작합니다. 저는 현재 청와대 정보공개심의회 위원이지만, 이전에는 서울시 정보공개심의회 위원으로 활동했습니다. 시민들이 공공 기관에 원하는 정보에 대해 정보 공개 청구를 하면, 그것을 공개할지, 공개하지 않을지 평가하는 작업을 했지요. 정보 공개법에서는 이것을 정보공개심의회라고 합니다. 정보공개심의회 참석 위원들은 과거 정보 공개 처리 사례에 대한 전문적인 지식을 가지고 있어야 합니다. 주로 변호사, 교수, 관련 시민 활동가 등이 외부 위원으로 참석하지요.

만약 이러한 정보공개심의회를 인공 지능으로 대체하라고 한다면 가능할까요? 전국 공공 기관의 정보 공개 청구 사례와 정보공개심의회 결정을 데이터베이스화하고, 경우의 수를 첨가한다면 가능할 것 같다는 생각이 듭니다. 인공 지능 전문 프로그래머의 입장에서는 정보공개심의회는 큰 이익이 없으니 현실화될 가능성은 크지 않겠지만, 상상만으로도 등골이 서늘해집니다.

그렇다면 돈이 많이 몰리는 증권가는 어떨까요? 최근 한국거래소 시장 감시 위원회는 '엑사이트EXIGHT'의 구축을 완료했다고 발표했습니다. 이 프로그램은 최신 인공 지능 모델인 엑스지부스트XGboost를 통해 이상 거래, 즉 증시 작전 세력을 감시하는 역할을 한다고 밝혔지요. 엑스지부스트는 54개에 이르는 변수를 분석해 작전 세력을 적발하는 정확도를 높였다고 합니다.* 작전 세력을 감시하던 인간의 분야를 인공 지능이 대체하게 된 것이지요.

또한 고액 연봉을 받는 펀드 매니저의 자리 역시 안전하지 않습니다. 세계 최대의 자산 운용사인 블랙록은 스타 펀드 매니저 일부를 해고하고 그 자리를 인공 지능으로 채우기도 했습니다.** 이러한 결정은 사람보다는 인공 지능이 더 뛰어난 데이터 분석 능력을 가지고 있다는 판단에 의한 것이 아닐까 합니다.

스포츠 분야도 외에는 아닙니다. 남성뿐 아니라 여성, 어린이까지 팬층이 넓은 인기 스포츠 프로 야구는 심판진들의 오심으로 인해 논란이 되는 경우가 많은데, 특히 문제가 되는 부분은 심판의 스트라이크와 볼 판정입니다. 경기 중 오심이라고 여겨지면 카메라 판독을 요청할 수 있는데, 스트라이크와 볼 판정은 카메라 판독

* 전명훈, 「인공 지능이 증시 작전 세력 잡는다… 거래소 새 감시시스템 가동」, 〈연합뉴스〉, 2018년 5월 3일.

** 장재건, 「펀드 매니저의 몰락」, 〈국제신문〉, 2017년 3월 30일.

기준에서 빠져 있거든요. 인공 지능이 투수의 공을 보고 스트라이크인지, 볼인지를 판단한 후 주심이 대리 선언하면 어떨까요? 미국의 한 독립 리그에서는 이벤트성으로 사람 대신 인공 지능에게 심판을 맡긴 적이 있습니다. 인공 지능 심판이 볼과 스트라이크, 아웃이나 세이프 등의 판정을 내리고, 장내 아나운서가 결과를 알려주는 형식이었지요. 경기는 전혀 잡음 없이 깔끔하게 진행되었다고 합니다.*

물론 프로 야구에 인공 지능 심판을 도입하는 것에 찬반 의견이 있습니다. 오심도 프로 야구의 일부라는 전통적인 입장과 인공 지능의 도입이 오심을 줄여 오히려 야구 활성화에 크게 기여할 것이라는 입장으로 갈리고 있지요. 어찌 되었든 오심 논란을 피하기 위해 프로 야구뿐만 아니라, 배구, 테니스 등 스포츠 종목별로 인공 지능 프로그램 도입을 조금씩 시도하고 있는 현실입니다.

인공 지능이 이처럼 어떠한 기준에 따라 판정을 내리거나, 여러 데이터들을 분석해 결과를 제시하는 등 이전의 자료들을 학습하는 수준을 넘어, 창작 활동도 가능할까요? 2018년 봄, KT에서 놀라운 공모전을 개최했습니다. '문학과 기술이 만난다'라는 제목으로 총 1억 원의 상금을 걸고 인공 지능 소설 공모전을 개최한 것이지요. 인공 지능 알고리즘을 기반으로 쓰인 소설을 공모하여 알고리즘

* 이한림, 「심판 로봇은 환영받을 수 있을까」, 〈이지경제〉, 2016년 4월 1일.

개발 역량을 시험하는 것입니다.**

인공 지능이 소설을 쓰는 것은 이번이 처음이 아닙니다. 2016년 일본에서는 인공 지능이 쓴 SF 소설이 '호시 신이치 공상 과학 문학상'에서 1차 심사를 통과해 화제가 되기도 했습니다. 이 소설은 1,000여 편의 소설을 학습한 인공 지능이 공립 하코다테 미래대학의 마쓰바라 진 교수팀이 구성한 등장인물과 이야기 줄거리에 맞춰 문장을 써 내려가 완성된 것이지요.***

이렇듯 현재 인공 지능은 기존에 없던 새로운 무언가를 만들어 내는 수준까지 발전했습니다. 이러한 발전 속도를 볼 때 인간의 직업 중 인공 지능의 진출을 원천적으로 막을 수 있는 안전한 분야는 더 이상 없습니다. 구글이 개발한 알파고는 세상에 대한 선전 포고와 같은 것입니다. 우리는, 그리고 우리의 자녀들은 지금 언제 내가 있는 자리에서 밀려날지 모르는 세상에 살고 있음을 자각할 때입니다.

** 「문학과 기술이 만난다! KT, 총 상금 1억 원 '인공 지능(AI) 소설 공모전' 개최」, 〈늘 곁에 KT, KT 그룹 블로그〉, 2018년 4월 5일.

*** 이기문, 「인공 지능이 쓴 소설, 인간의 심장을 두드릴 수 있을까」, 〈조선일보〉, 2018년 4월 10일.

part 2

# 4차 산업 혁명과 현 교육의 실태

현 교육은 4차 산업 혁명 시대에 적당한가?

교육 평가 시스템을 평가한다

정보 인권 교육의 부재

디지털 시대에 방치되고 있는 아이들

# 현 교육은 4차 산업 혁명 시대에 적당한가?

4차 산업 혁명은 빠른 속도로 우리 생활에 정착되고 있지만, 우리는 그러한 변화를 따라가지 못하고 있습니다. 대표적인 영역이 바로 교육 분야입니다. 저는 어릴 때 암기하거나, 공식을 사용해야 하는 수학·과학 문제 풀기를 힘들어했습니다. 초등학교 2학년 때, 구구단을 외우는 것이 학창 시절 가장 힘들었던 순간으로 기억하고 있을 정도입니다. 구구단을 노랫말처럼 바꾸어서 한 1,000번쯤은 불렀던 것 같습니다. 그래도 잘 외워지지 않았어요. 그때부터 공부에는 소질이 없었나 봅니다.

당시에는 구구단을 외우지 못하면 아무것도 할 수가 없었습니다. 구구단은 곱셈과 나눗셈에 필요한 기본 중의 기본이었으며, 수학 문제를 풀 때뿐 아니라 당시 살아가는 데에 필수적인 교육이었습니다. 예를 들어 300원짜리 과자 7봉지를 샀는데 구구단을 알지 못하면 일일이 다 더해야 하는 불편함을 감수해야 하지요.

그렇다면 지금의 초등학생들도 구구단을 외워야 할까요? 이제 어떤 가게도 암산으로 물건값을 계산하지 않습니다. 많은 양의 물건을 산다 하더라도 물건마다 부착된 바코드를 스캐너로 읽히면 자동으로 총액을 계산해 줍니다. 혹 소비자 입장에서 계산이 잘못된 듯한 느낌이 들면, 그 자리에서 스마트폰에 있는 계산기 앱으로 직접 계산을 해 확인할 수 있지요. 이처럼 구구단을 외우는 것은 과거처럼 필수적인 교육이 아닙니다. 오히려 스마트폰 활용법을 교육하는 것이 더욱 필요하다고 생각합니다. 초등학교 교과서에 나온 문제 중 스마트폰으로 해결하지 못하는 문제는 없으니까요. 수학 교육은 논리적인 사고를 기르기 위해 다른 방향으로 전환해야 합니다.

다른 과목도 마찬가지입니다. 아이들이 어려워하는 과목 중 하나가 바로 역사입니다. 역사를 어려워하는 이유는 다양하겠지만, 연대기별로 발생했던 각종 사건을 외워야 하는 것이 가장 큰 이유가 아닐까 생각합니다. 수백 년 동안 발생했던 사건을 머릿속에 정리하는 것은 쉬운 일이 아니지요. 임오군란, 갑신정변, 을미개혁이 발생했던 연도를 단박에 떠올릴 수 있으신가요? 역사 과목을 어려워했던 저로서는 솔직히 헷갈립니다. 그런데 지금 스마트폰에 이 사건들을 검색해 보면, 연도뿐만 아니라 사건의 개요까지 상세히 정리되어 나옵니다. 단 한 번의 검색만으로도 말입니다.

지금 이 시대에 필요한 역사 교육은 사관史觀, 즉 역사적으로 발생한 사건을 바라보는 눈을 키우는 것이라고 생각합니다. 다시 말해 과거의 역사를 바라보면서 현실에서 발생하는 각종 사건을 평가하는 것이지요. 이런 교육은 단순 주입식으로 되는 것이 아니라, 각종 토론과 고민이 필요한 것입니다. 자신만의 사관이 생기기 시작하면, 역사도 살아 움직이는 학문으로 흥미롭게 받아들일 수 있습니다.

국어 교육 역시 다시 생각할 필요가 있습니다. 국어를 배우는 목적 중 가장 중요한 것은 자신의 글을 올바른 문장과 맞춤법으로 쓸 수 있는 능력을 키우는 것이라고 생각합니다. 좀 더 단순히 말하면 글을 쓰는 능력을 키우는 것이지요. 그러나 정작 학교에서는 글쓰기 교육을 거의 하지 않습니다. 수능 중심의 문제 풀이와 대학 입시를 위한 논술에 맞춘 교육이 전부라고 해도 과언이 아니지요. 불행히도 논술로 높은 점수를 받는다고 글 쓰는 실력이 좋아지지 않습니다. 입시 교육에 맞추다 보니, 자신의 문체를 만들기가 어렵기 때문이지요.

우리나라 교육 시스템은 큰 위기에 봉착하고 있습니다. 현재 행해지는 교육이 4차 산업 혁명 시대에 필요한 역량을 기르는 데에 부족한 면이 있다 보니 아이들 역시 학교 교육에 흥미를 잃어 가고 있지요. 어쩌면 4차 산업 혁명으로 가장 많이 흔들리고 있는 곳이 학교인지도 모르겠습니다.

## 교육 평가 시스템을 평가한다

교육 평가 시스템에 대해서도 고민해 보도록 하겠습니다. 우리나라 대학 입시에서 가장 중요한 과목은 수리 영역입니다. 그러나 수학 문제를 해결하는 능력이 학생들을 평가할 수 있는 기준이 될 수 있는지 의문입니다. 이제 수학자 및 전공자들을 제외하고는 수학을 머릿속으로 계산하는 사람은 거의 없습니다. 대부분의 생활 속 수학은 스마트폰이나 컴퓨터가 해결해 주는 시대가 왔으니까요. 하지만 이런 현실을 학교 평가 시스템이 따라가지 못하고 있습니다.

수십 년 동안 바둑만 두었던 프로 기사들도 알파고에 패배하는 세상에서 왜 수학 문제 해결 능력이 평가의 기준이 되는지 이해하기 어렵습니다. 사람이 아무리 똑똑해도 스마트폰에 부착된 계산기 기능을 따라갈 수 없습니다. 수학 교육은 전반적으로 다시 검토

되어야 합니다. 어려운 방정식과 도형 문제를 빠르고 정확히 해결하는 것은 특별한 분야를 제외하고는 인재의 기준이 될 수 없다는 말입니다.

조금 더 생각해 볼까요? 수학 다음으로 중요했던 영어는 어떻습니까? 아직까지는 인공 지능의 영어 번역이 사람보다 완벽하지 못한 것이 사실입니다. 그러나 구글 번역기, 네이버 파파고의 번역 실력은 하루가 다르게 늘고 있는 것 또한 사실입니다. 번역하는 속도 역시 사람이 따라갈 수 없지요. 영어 전공자들이 초벌 번역으로 구글 번역기를 사용하고 있는 모습을 많이 보았습니다. 일본어 번역은 이미 상당한 수준에 올라, 일본어 번역 시장이 매우 침체되어 있는 것으로 알려져 있습니다. 저도 평소 번역기를 활용해 일본 신문들을 편하게 읽고 있습니다. 아마도 몇 년 후에는 인공 지능이 모든 언어의 번역 능력을 갖춰 사람의 번역 능력을 따라잡지 않을까요?

스마트폰 앱 하나만 다운로드받으면 다양한 언어를 번역할 수 있는 세상입니다. 그럼에도 우리는 여전히 독해 능력으로 학력 수준을 평가받고 있고, 그 성적순으로 대학을 가고 있습니다.

빨리 읽고, 외우고, 계산하는 능력으로 평가하는 현재 교육 시스템은 조만간 큰 도전에 직면할 것입니다. 이런 영역들은 인공 지능이 발 빠르게 흡수하고 있기 때문이지요. 기존 평가 시스템에서 높은 점수를 받는 학생들이 머리가 좋은 것은 인정하지만, 그렇다고 인공 지능을 능가할 수는 없습니다. 인공 지능을 잘 활용해 새로운 창조적 생산물을 만들어 내는 것이 더욱 똑똑한 학생이 아닐까 생각합니다.

마치 누가 더 빨리 읽고, 외우고, 계산하는지를 겨루는 듯한 이러한 경쟁적 교육 시스템은 우리가 생각지도 못한 또 다른 문제를 낳고 있습니다. 입시를 위한 빠른 문제 풀이에만 익숙해져 있다 보니 자신의 생각을 글로 표현할 줄 모르는 것이지요. 대학에서 강의를 하면서 아이러니한 장면을 많이 보았습니다. 좋은 대학에 입학했으니 고등학교에서 열심히 공부를 한 똑똑한 학생들일 텐데, 리포트를 보면 가관입니다. 네이버나 다음과 같은 포털 사이트, 또는 디비피아 같은 논문 검색 플랫폼에서 찾아본 내용을 짜깁기해 리포트로 제출한 학생들이 많지요. 이런 학생들에게 리포트를 왜 직접 작성하지 않았냐고 물으면, 대부분 평소 글을 써 본 적이 없어서 어떻게 써야 할지 막막하다고 대답합니다. 자신의 생각조차 글로 적지 못한다니, 놀랍지 않습니까? 이것은 아이들의 문제가 아니라, 허술한 교육 평가 시스템으로 나타난 부작용의 단적인 예라고 생각합니다.

중·고등 교육 평가 시스템만 문제가 있는 것은 아닙니다. 대학의 교육 평가 시스템 역시 심각합니다. 대학은 상대 평가 시스템이 정착되어 있습니다. 대학마다 비율은 다르지만, A학점, B학점, C학점, D학점의 비율이 정해져 있지요. 아무래도 논술 및 과제 제출 형태로 문제를 내면, 학생들에게 성적 이의 신청을 받을 가능성이 커지기 때문에 대부분의 교수들은 중간·기말고사 때 논술이나 과제 제출 형태로 평가하는 것을 꺼려합니다. 다양한 의견을 펼칠 수 있는 기회를 주기보다는, 객관식으로 시험 문제를 구성해 학생들이 자신의 성적에 쉽게 납득할 수 있게 하는 데에 더 비중을 두는 것이지요.

저는 중앙대학교 신문방송학과에서 강의를 할 때, 중간·기말고사 기간에 시험을 따로 치르지 않고 정보 공개 청구를 해서 새로운 팩트를 찾는 것으로 평가를 했습니다. 이 자료들은 제가 근무했던 투명사회를 위한 정보공개센터 블로그에 공유했고, 이를 본 기자들이 언론 보도를 하면 학생들에게 높은 점수를 주었습니다. 기자들이 보도를 할 정도면 사회적으로 의미가 있다고 본 것이지요. 그러고는 높은 평가를 받은 학생들의 결과물을 학생들 앞에서 발표하게 했지요. 명확한 해답이 없고, 자신의 아이템과 끈질긴 노력에 대해서 평가를 하다 보니 학생들은 엄청난 스트레스를 받고 힘들어했습니다. 하지만 제 원칙은 확고했습니다. 정보 공개 청구를 하는 문제의식과 자신의 손으로 직접 작성한 보고서로 평가를 받는 것이 합리적이라고 판단했기 때문입니다. 과제를 할 때에는 그렇게 스트레스를 받았던 학생들이 언론인이 된 후에는 제 수업이 실질적으로 큰 도움이 되었다며 감사 인사를 전해 오기도 했습니다.

4차 산업 혁명 시대가 시작되었지만, 우리의 교육은 미래를 고민하지 않는 것 같습니다. 여전히 객관식 문제에 길들여져 있고, 문제를 빨리 푸는 것에만 집중되어 있습니다. 이렇게 훈련받아 좋은 대학을 나오면 새로운 변화에 잘 적응할 수 있을지 의문입니다. 우리 부모들이 자녀의 미래에 대해서 진지하게 생각할 때가 왔습니다. 현 교육 체계상 공부를 잘하는 것이 미래를 잘 준비하는 것인지 고민해 봐야 합니다. 회사들은 고용을 줄이고 있고, 발 빠르게 인공 지능 도입을 고민하고 있습니다. 사람만이 할 수 있는 분야를 찾지 않으면, 직업을 유지하기가 어렵다는 점을 유념해야 합니다.

# 정보 인권 교육의 부재

우리 교육이 입시에 맞춰져 있다 보니, 정작 가장 중요한 교육은 이루어지지 않고 있습니다. 바로 인권 교육입니다. 대학교에서 강의를 하면서 놀란 것이 하나 있습니다. 퇴학이나 무기정학 등의 징계를 받는 학생들이 늘고 있다는 점입니다. 1980~1990년대 대학교에서는 주로 학생 운동을 하는 학생들이 징계를 받았습니다. 그러나 요즘은 그 양상이 조금 다릅니다. 어떤 이유로 징계를 받는 것일까요? 놀랍게도 성희롱 및 성추행, 인권 침해 등이 그 원인이었습니다. 특히 남학생들이 카카오톡에서 단체 채팅방을 만들어 특정 여학생의 외모를 비하하거나, 몰래카메라를 찍어서 공유하다가 적발된 사례가 늘어나고 있습니다.

얼마 전 모 대학교 의대생 네 명남학생 세 명, 여학생 한 명이 MT를 갔는데, 여학생이 술에 취해 잠이 들자 남학생들이 카메라로 여학생의 이곳저곳을 찍어서 공유하는 사건이 벌어졌지요. 이 사건은 사회적으로 큰 파문을 일으켰으며, 남학생들은 모두 다 구속되었습니다. 이런 사건이 대학 곳곳에서 일어나고 있으며, 심지어는 중·고등학교에서도 이런 문제로 골머리를 앓고 있습니다.

검색 사이트에 '단체 대화방 성희롱'이라고 검색해 보면, 가해자가 학생들인 관련 뉴스를 쉽게 찾아볼 수 있습니다. 왜 이렇게 되었을까요? 우선 사회적 부채 의식이 사라졌기 때문이라고 생각합니다. 과거에는 대학에 가면 사회를 위해 봉사하는 삶을 살아야 한다는 부채 의식이 있었습니다. 대학에 진학하는 사람들이 적었고, 군사 독재와 사회적 불평등으로 많은 사람들이 고통당하고 있었기 때문이지요. 그러나 요즘은 마음만 먹으면 대학에 진학할 수 있기에 사회적 부채 의식을 가지고 있는 사람들이 거의 없습니다. 오직 자기 자신만을 중시하는 삶을 살고 있지요.

수능 위주의 입시 경쟁 교육 체제에 따른 인권 교육의 부재 또한 원인이라고 생각합니다. 학교에서 인권 교육은 얼마나 이루어지고 있을까요? 스마트폰을 사용하면서 발생할 수 있는 각종 인권 침해 예방 교육을 몇 번이나 하고 있는지 궁금합니다. 모 대학교에서 인권 강의를 하면서, 많은 사례를 접할 수 있었습니다. 본인이 느꼈던 인권 침해 사례를 리포트로 제출하라고 했더니, 여학생 몇 명이 카카오톡 성희롱 사례에 대해서 제출했던 기억이 납니다. 카카오톡에서 특정 여학생의 외모를 비하하는 글을 자신들끼리 공유하는 것이었는데, 대부분의 아이들은 무엇이 문제인지 알지 못하더군요. 인권 의식이 결여된 것이지요. 인권 교육이 이루어지지 않는 현재의 교육 체제에서 아이들의 인권 의식이 부족한 것은 어찌 보면 당연한 결과일 수밖에 없습니다.

간호사들에게는 태움 문화라는 것이 있습니다. '영혼이 재가 될 때까지 태운다.'라는 뜻으로 선배 간호사가 신입 간호사를 가르친다는 명목으로 괴롭히는 것을 의미합니다. 이 문화 역시 인권 의식의 부재로 인해 나타난 부작용이지요. 태움 문화는 대학 입학 때부터 시작됩니다. 간호학과 신입생은 선배에게 인사하는 법, 말하는 법, 태도 등을 교육받습니다. 취업을 하면 더욱 노골적이지요. 일반 병원에서 태움은 은밀하고도 집요하게 이뤄집니다. 신입 간호사들은 1~2시간 일찍 출근하고, 퇴근도 늦게 하도록 지시받지요. 업무에서 실수가 생기거나, 선배 간호사에게 예의를 갖추지 않으면 폭언과 폭행, 집단 따돌림 등을 당한다고 합니다.* 태움 문화를 견디지 못해 자살한 간호사도 있었습니다. 이렇게 인권 의식의 결여는 사회생활로까지 이어져 더욱 큰 문제를 일으키고 있습니다.

우리 교육은 문제를 빠르고 정확하게 풀어내는 능력만을 가르치고 있을 뿐, 남을 배려하는 교육은 거의 하지 않고 있습니다. 그런 것은 시험에 크게 도움이 되지 않으니까요. 더군다나 어릴 때부터

* 박구재, 「여적-태움 문화」, 〈경향신문〉, 2017년 11월 17일.

습관적으로 사용하고 있는 스마트폰의 위험성을 알지 못해 스마트폰으로 범법자가 될 수 있다는 인식이 없습니다. 여러분들도 스마트폰 때문에 교도소에 갈 수 있다는 말이 생소하게 느껴지지 않은가요? 실제로 수많은 범죄가 스마트폰을 매개로 일어나고 있습니다. 잘못 사용하면 언제 어디서 터질지 모를 시한폭탄과 같은 존재이지요. 이렇게 위험한 물건을 편리하다는 이유로 아무 생각 없이 사용하고 있는 것입니다. 아이들뿐 아니라 기성세대들도 스마트폰이나 온라인의 위험성을 제대로 알지 못하다 보니, 인권 교육이 제대로 될 리가 만무합니다. 문제가 터지면 그제야 얼마나 심각한 범죄가 되는지 깨닫지요. 중·고등학교 과목에 '스마트폰과 인권 문제'라는 과목을 만들어야 하지 않을까요?

물론 스마트폰을 통해서만 인권 문제가 발생하는 것은 아닙니다. 왕따, 언어폭력, 외모 비하, 인종 차별 등 인권 문제는 사회 전반에 뿌리 깊게 박혀 있습니다. 다문화 사회가 되면서, 인권 교육은 더욱 절실해지고 있습니다. 한 가지 예를 들어 보겠습니다. 과거만 하더라도 크레파스나 색연필에 '살색'이 있었습니다. 한국인의 피부색에 따라 살색이라고 표현한 것이지요. 그런데 만약 우리나라에서 교육받는 흑인 아이가 살색 크레파스를 보았다면, 아이의 기분은 어땠을지 상상해 보기 바랍니다. 이 표현은 인권 침해라는 지적이 있었고, 지금은 살구색으로 바뀌었습니다.

인권 교육은 한두 번으로 되는 것이 아닙니다. 학창 시절부터 지속적으로 교육받아야 하고, 일상적으로 실천해야 합니다. 그러나 안타깝게도 현 교육 시스템은 인권 교육을 중요하게 생각하지 않고 있지요. 어쩌면 학교에서 발생하는 각종 문제가 인권 교육 부재에서 발생하는 것이 아닌지 곰곰이 생각해 볼 필요가 있습니다.

# 디지털 시대에 방치되고 있는 아이들

리터러시literacy라는 말이 있습니다. 사전을 찾아보면 '글을 읽고 쓸 줄 아는 능력'이라고 나옵니다. 이것을 어려운 말로 '문해력'이라고 하지요. 직접적인 뜻은 이렇지만, 좀 더 깊이 들어가 보면 글의 의미와 상징을 이해하는 능력을 말합니다. 초등학생이 대학교 교재를 보면 단순히 글자를 읽을 수는 있지만 그 속에 함축되어 있는 의미까지 알기 힘든 것과 마찬가지입니다. '행간의 의미'라는 말은 들어 봤는지요? 가령 소설을 읽다가 주인공의 짧은 답변만으로 소름이 끼치는 경험을 하는 것은 행간의 의미를 파악했기 때문입니다. 글을 이해한다는 것은 구체적으로 묘사하거나 설명하지 않아도, 행간을 읽을 줄 아는 것을 의미합니다. 행간을 잘 이해하는 것을 두고 '리터러시를 갖추고 있다.'라고 합니다.

그렇다면 '디지털 리터러시가 있다.'라는 말은 무슨 의미일까요?

디지털의 편리함과 위험성을 잘 이해하고 활용하고 있음을 의미합니다. 최근 많은 사람이 스마트폰을 이용하면서 디지털 리터러시 교육이 많이 강조되고 있습니다. 특히 청소년들이 스마트폰을 이용해 저지르는 범죄 행위들이 문제가 되고 있어, 그 교육은 더욱 절실하지요. 평생 학습관, 도서관 중심으로 디지털 리터러시 교육이 생기고 있지만, 여전히 양과 질적 측면에서 부족하기만 합니다.

우리는 스마트폰을 가지고 참 많은 것을 합니다. 저만 해도 카카오톡, 텔레그램, 페이스북, 밴드, 게임 등 각종 앱을 사용하고 있습니다. 그런데 이런 것들이 사람에게 과연 편리하기만 할까요? 잘못 사용해서 큰 문제가 발생하지는 않을까요? 친구와 대화하는 용도로 사용하는 카카오톡은 정말 비밀이 보장되는지 의심해 보기 바랍니다. 어떤 분들은 단체 채팅방에 연예 정보지를 공유하곤 합니다. 연예인 실명이 공개되어 있는데도 말입니다. 타인에게 받은 연예 정보지를 단체 채팅방에 올리는 행위는 법적으로 문제가 없을까요? 전혀 그렇지 않습니다. 당사자가 카카오톡 유포자에 대해서 명예 훼손죄 등 여러 가지 법률 위반으로 고소·고발을 할 수가 있습니다. 이 법안으로 벌금형이나 실형이 나오는 경우도 많이 있고요. 단순히 재미로 단체 채팅방에 공유했겠지만 당사자에게는 심각한 명예 훼손이 될 수 있습니다. 이런 위험성을 인식하는 행위를 바로 '디지털 리터러시'라고 합니다.

우리 사회에 가짜 뉴스, 타인 조롱, 그리고 특정 인종, 성, 종교

따위에 대한 편파적이고 혐오적인 발언을 담은 헤이트 스피치 등이 넘쳐나고 있습니다. 이런 종류의 글, 사진, 영상 등을 유포하는 행위는 사회적으로 큰 문제가 될 수 있습니다. 법적 처벌을 받을 수도 있고요. 문제는 최근 대학생들을 비롯해 청소년들이 별다른 죄의식 없이 이런 내용을 퍼뜨리고 있다는 것입니다. 심지어 사회적으로 큰 영향력을 발휘하는 사람들까지 말입니다. 대개 '우리끼리만 보는 채팅방에 올리는데 문제없지 않나?' '익명으로 글을 쓰는데 누가 알기나 할까?' 등 가볍게 생각하는 경향이 있습니다. 그러나 이는 무척 위험한 생각입니다.

2018년에 개봉한 이한욱 감독의 영화 〈나를 기억해〉는 디지털 리터러시 교육이 왜 중요한지 생생하게 보여 줍니다. 이 영화는 청소년 성범죄와 SNS상에서 벌어지는 디지털 범죄를 소재로 한 미스터리 스릴러로, 실제로 일어났던 사건을 모티브로 했습니다. 영화 내용은 이렇습니다. 한 여고생을 집단으로 성폭행한 후 이를 촬영한 동영상인 일명 마리오네트 영상을 온라인에 퍼뜨린 가해자들은 청소년이라는 이유로 제대로 된 처벌을 받지 않습니다. 그리고 14년 후 같은 수법의 범죄가 다시 벌어지면서 사건은 시작되지요. 이 영화는 생각 없이 메신저에 공유한 영상 하나가 한 사람의 인생을 어떻게 망치는지 잘 보여 줍니다. 영화를 보고 나면 우리가 애용하는 메신저가 얼마나 소름 끼치는 수단이 될 수 있는지 느끼게 해 주는 동시에, 디지털 리터러시 교육의 중요성 또한 체감하게 하지요.

세상에는 비밀이 없습니다. 특히 디지털 세상에서는 더욱 그렇지요. 사적인 공간이라고 여겼던 메신저나 SNS 등이 디지털 포렌식을 통해 중요한 범죄 입증 근거로 사용될 수도 있습니다. 디지털 포렌식이란 디지털 정보를 사용해 범죄 증거를 찾는 수사 기법입니다. 쉽게 말해 컴퓨터나 디지털 저장 장치, 인터넷, 이메일과 같은 온라인상 자료들 중에 수사와 관련된 내용을 복원·수집·분석하는 일련의 과정을 이야기합니다. 법원 주위에 가면 디지털 포렌식과 관련된 간판을 많이 볼 수가 있습니다. 대부분 디지털 증거를 복원해 주는 곳이지요.

최근 경찰·검찰이 범죄 혐의와 관련해 압수 수색을 할 때면, 대부분 스마트폰을 첫 번째 목표물로 삼습니다. 관련 범죄 증거가 많이 남아 있을 가능성이 높기 때문입니다. 여러분들이 하루에도 수십 차례 주고받았던 문자나 카카오톡과 같은 메신저, 인터넷 게시판 댓글, 금융 이용 명세서 등을 모조리 삭제한다고 하더라도 다 복원할 수 있습니다. 심지어 검색 사이트에서 무엇을 검색했고 다운로드받았는지도 알 수 있습니다. 스마트폰뿐만 아니라 노트북, 태블릿 PC 역시 디지털 포렌식을 피해 갈 수 없는 대상들입니다.

2017년 10월 어느 날, 경기도 양평군의 한 전원주택 단지 주차장 옆 수풀에서 60대 남성이 흉기에 찔려 숨진 사건이 발생했습니다. 피해자는 한 대형 게임 회사 사장의 부친인 것으로 드러났습니다. 마을 입구에 있는 CCTV에는 피해자의 차량이 오후 7시 25분쯤 마을로 들어왔다가 오후 8시 50분쯤 다시 마을 밖으로 나가는 모습이 찍혀 있었지요. 피해자 차량은 집에서 5km 떨어진 한 공터에서 발견되었는데, 차량 문은 잠긴 상태였고 블랙박스도 없었습니다. 그러나 차량 내부에서 혈흔이 발견되었고, 혈흔을 분석한 결과 인근에 살고 있었던 A 씨의 혈흔으로 드러났습니다. A 씨의 스마트폰을 디지털 포렌식 수사 기법으로 조사해 보니, '고급 빌라' '가스총' '수갑' '휴대 전화 위치 추적' '살인' '사건 사고' 등의 검색 내역을 복원할 수 있었습니다. 이 사건은 살인에 사용된 흉기, 자백 등 직접적인 증거는 없지만, 2018년 5월 재판부는 "피고인이 범행 전 부촌이나 고급 빌라, 가스총 등을 검색하고 피해자의 집 주변을 사전 답사하는 등 치밀하게 범행을 준비한 것으로 보인다."라며 무기 징역을 선고했습니다. 스마트폰 검색어가 살인의 직접적인 증거는 아니지만, 중요한 증거 역할을 한 것이지요.

모든 것은 흔적을 남기고, 공유된 것은 영원히 지울 수 없습니다. 공유한 후에 그 내용을 지우더라도 다른 사람들은 그 내용을 가지고 있기 때문입니다. 뒤늦게 후회해도 소용없습니다. 특히 예민한 시기, 예를 들어 선거 기간에는 더욱 조심해야 합니다. 단 한 번의 허위 사실 유포로 평생 지울 수 없는 범법자가 될 수도 있습니다.

정리하자면 디지털 리터러시는 스마트폰, 컴퓨터의 편리성과 위험성을 알고, 적절한 수준에서 이용할 수 있는 능력을 말하는 것입니다. 스마트폰은 '불'과 같은 존재라고 할 수 있어요. 불은 우리 생활에서 필수적이지만, 잘못 다루었을 때에는 큰 화재가 발생합니다. 그래서 아이들이 불장난하는 것을 어른들이 방치하지 않고 교육하는 것이 아니겠습니까? 바로 이런 연유로 디지털 리터러시 교육이 강조되고 있는 것입니다. 하지만 불행히도 이런 교육을 체계적으로 하는 곳은 많지 않아 보입니다. 그러다 보니 우리 사회는 다양한 부작용을 경험하고 있습니다.

### 일베, 온라인 괴물의 등장

일베는 '일간 베스트 저장소'의 줄임말로, 동시 접속자 수가 평균 2만 명에 달하는 사이트입니다. 2010년경 디시인사이드에서 일간 베스트 게시물을 갤러리별로 정리해 모아 놓을 목적으로 개설되었는데, 2011년 독자적 커뮤니티로 독립해 현재까지 이어진 것으로 알려져 있습니다.*

처음에는 단순 유머, 패러디, 사진 등이 올라왔으나, 어느 순간부터 점점 극단적인 내용으로 도배되기 시작했습니다. 그 내용도 시대적 아픔이나 약자에 대해서 혐오를 부추기는 내용이 대부분이었

* 홍명근, 「일베는 폐쇄해야 할까? 당신의 의견은?」, 〈오마이뉴스〉, 2018년 7월 2일.

습니다. 이들은 세월호 참사 후 유가족들이 광화문에서 단식 투쟁을 하고 있을 때 폭식 투쟁을 주도하기도 했습니다. 자식을 잃고 괴로워하는 부모 옆에서 폭식 투쟁이라는 반인륜적 행위로 희화화를 시도한 것입니다. 이 당시 일베 회원들은 "세월호 유가족들이 국민을 속이고 초코바를 먹으며 단식을 했다. 아무것도 먹지 않고 50일을 단식하는 것은 말도 안 된다. 나라를 살리기 위해 자발적으로 젊은이들이 나섰다. 마음껏 가져가셔도 된다."라며 초코바를 나누어 주는 행사를 진행하기도 했습니다.**

일베를 이용하는 사람들은 사회 곳곳에 암약해 있습니다. 대놓고 자신의 존재를 드러내지 않고 손 모양으로 서로가 일베를 한다는 것을 입증하지요. 문제는 그 숫자가 점점 늘어나고 있다는 것입니다. 몇 년 전 한 방송사 기자로 입사한 신입 사원 중 일베 회원이 있었지요. 이 사람은 주로 여성 혐오를 '전문적'으로 했던 것으로 드러났습니다. 그가 일베에 올린 글을 보면 더욱 충격적입니다. 너무 민망한 내용이라 인용하기도 부적절할 것 같지만, 일베에 올리는 글이 얼마나 지독한지 보여 주기 위해 몇 가지 인용하겠습니다. 이 기자는 2014년 일베 게시판 등에 "생리 휴가를 가고 싶은 여자는 직장 여자 상사에게 사용 당일 착용한 생리대를 제출하거나 사진 자료를 남겨 감사 위원회를 통과해야 한다." "핫팬츠나 미니스

---

** 이재욱, 「일베, 세월호 유족 앞에서 이번엔 '초코바 패륜'」, 〈한겨레〉, 2014년 9월 13일.

커트를 입고 다닌 여자들은 공연 음란죄로 처벌해야 된다." "밖에서 몸을 까고 다니는 여자들은 모텔 가서 한번 할 수 있는 것 아니냐." 등 각종 여성 혐오 발언을 쏟아 냈습니다.

이 기자에 대한 징계가 지방 방송국으로의 전근으로 끝나면서 더욱 논란이 되었습니다. 방송사 여성 협회는 "일베 기자의 인사 발령 때마다 공영 방송의 존립과 수신료의 가치, 그것을 이루어 갈 구성원의 도리가 무엇인지 경영진에 물었지만 우리는 그 물음에 대한 해답을 얻지 못했다. 회사는 제도와 원칙이라는 기준 아래 모든 것을 덮어 버리고자 하는 불통만 보여 줬다."라고 비판했습니다.

일베가 사회에 끼치는 해악은 아무리 강조해도 지나치지 않습니다. 이들은 말초 신경을 자극하는 단어를 주로 쓰고, 사회적 약자들을 향한 혐오 발언도 일상적으로 하고 있습니다. 문제는 혐오가 말로 끝나지 않는다는 것입니다. 혐오가 쌓이면 표현하게 되고, 그 표현은 곧 폭력이 되어 버리지요.

그 예로 일본의 혐한 세력들을 들 수 있습니다. 이들은 재일 조선인 학교에 가서 중·고등학생들한테 각종 혐오적인 발언을 하고 있습니다. 어린 학생들이 받는 상처는 상상 이상이겠지요. 저도 오사카에서 일본 재야인사들과 길거리 시위를 벌이다가 "조센징들은 집으로 가라!"와 같은 헤이트 스피치를 당한 적이 있습니다. 그들은 시위대를 계속 뒤따라오면서 같은 발언을 반복했습니다. 지금도 그때 기억이 생생할 정도로, 정말 엄청난 충격이었어요. 저야 잠시 당한 것이지만, 일본에 사는 재일 한국인들은 스트레스와 두려움이 엄청나겠지요. 특히 오사카 지역에 살고 있는 한인에 대한 헤이트 스피치가 급증하고 있습니다. 일본에서 이런 문제점을 인식하고, 2016년 7월 헤이트 스피치를 규제하는 조례를 만들기도 했습니다. 그 이후로 가나가와현 가와사키시가 조례를 도입했고, 도쿄도 관련 조례를 추진하기로 했지요.* 그동안 재일 한국인들이 당한 것을 생각하면 분명 늦은 감이 있지만, 뒤늦게라도 규제가 되고 있으니 다행스러운 일입니다.

일베 이용자들을 그냥 방치하면 사회적으로 큰 문제를 일으킬 수 있습니다. 미국의 KKKKu Klux Klan단처럼 말입니다. 남북 전쟁 직후에 설립된 KKK단은 원래 남부 연합 참전 용사들의 친목 단체였습니다. 그러다 세를 넓히면서 지하 저항 조직이 되어 흑인, 유대인, 외국인, 노동조합 등을 겨냥한 협박과 폭력으로 백인 우월주의를 확립하려 했지요. KKK단은 폭탄 테러, 총격 테러 등을 감행하기도 했습니다. 이러한 테러 행위는 현재 줄어든 듯하지만, 놀라운 것은 이들의 모임이 지금까지도 지속되고 있다는 점입니다. 일베는 이러한 KKK단과 사상적 배경이나 목표가 비슷합니다.

최근에 일베 이용자가 늘어나면서 일베를 이용하는 사람이 도처

* 김범석, 「도쿄도, 혐한 등 헤이트스피치 규제 조례 만든다」, 〈동아일보〉, 2018년 6월 13일.

에 있다는 것을 느낍니다. 일베는 언제 어디서든 접속할 수 있고, 읽을 수 있습니다. 게시판에 있는 글 몇 번 본다고 무슨 사회적으로 문제가 되느냐고 반문할 수도 있습니다. 그러나 그동안 일베 이용자들의 행동 패턴을 보면, 게시물을 읽기만 하다가 어느샌가 직접 글을 작성하게 되고 이후 직접적인 행동으로 이어지는 모습을 볼 수가 있습니다. 특히 일베 이용자들이 특정 인물이나 단체를 조롱하려고 만든 각종 이미지가 방송 프로그램에 사용되기도 합니다. 방송사들은 항상 실수라고 주장하지만 고의성이 의심되는 사례들도 많이 있습니다. 어찌 되었든 일베가 사회적으로 끼치는 악영향은 말로 표현할 수 없을 정도로 심각합니다.

이런 이유로 지난 2018년 4월에 청와대 국민청원 게시판에 일베를 폐쇄해 달라는 청원이 올라왔고, 한 달 만에 23만 명이 서명해 청와대가 실태 조사를 거쳐 폐쇄를 검토하겠다는 답변을 하기도 했습니다. 이 청원에 대해 찬반 논란도 있었습니다. 일베 폐쇄를 반대하는 입장에서는 표현의 자유를 위축시킬 수 있고, 단순 표현에 대해서 불법성 입증이 어렵다는 이유를 들었지요. 반면 폐쇄를 찬성하는 입장에서는 표현의 자유도 무한대로 누릴 수 있는 권리가 아니며, 허위 사실 유포, 전쟁 범죄 부인, 반인륜적 범죄 옹호 등은 처벌하거나 관련 사이트를 폐쇄할 수 있어야 한다고 주장하고 있습니다.

각기 주장하는 내용을 보면 무엇이 틀렸다고 단언하기는 어렵습니다. 그러나 중요한 것은 일베를 이용한다는 것 자체가 사회적 혐오를 높일 수 있다는 점입니다. 만약 청소년들이 일베를 이용하고 있다면 더욱 심각한 문제를 일으킬 수 있습니다. 자신이 보고 있는 게시물들이 누군가를 조롱하고 혐오하고 있는 것인지도 모른 채 계속해서 받아들이기만 하기 때문이지요. 그러면 혐오 표현이 은연중에 스며들게 됩니다. 위에서 언급한 것처럼 일베를 한 경력이 큰 문제로 이어지기도 하지요. 그런 만큼 어릴 때부터 혐오 발언이 얼마나 위험한 것인지 교육해야 한다고 생각합니다. 우리 아이들이 일베를 포함해 다른 혐오 사이트를 방문하는지 유심히 관찰하는 것도 중요하다고 생각합니다. 어떤 경우에도 청소년들이 혐오를 배우는 것은 바람직하지 않기 때문입니다. 그 어떤 사이트보다 혐오 사이트는 사회적 해악이 큰 곳임을 기억해야 합니다.

### 카카오톡은 영원히 지워지지 않는다

우리는 매 순간 대화를 합니다. 평생 잘 대화하기 위해서는 가정, 학교, 사회 등 때와 장소에 맞는 대화법을 배워야 하고, 상대방에게 불쾌감을 주지 않아야 하지요. 대화 교육은 아무리 강조해도 지나치지 않습니다. 그런데 말입니다. 카카오톡, 텔레그램, 밴드 등으로 대화하는 SNS는 어떻습니까? 여러분들은 일반적인 대화와 SNS 대화 중 어떤 경우에 더욱 주의를 기울이게 되는지 궁금합니다.

대화할 때 우리는 상대방에게 상처를 주기도 하고, 실수할 때도 있습니다. 남을 험담할 때도 있지요. 예를 들면 사적인 자리에서 직장 동료나 상사, 혹은 친구들의 흉을 보는 경우가 있지요. 일반적인 대화는 시간이 지나면 기억에서 지워지지만 SNS상의 대화는 영원히 지워지지 않습니다. 문제는 이러한 특성을 간과한다는 것입니다. 온라인에서 대화한 내용은 본인이 삭제해도, 상대편은 영원히 보존할 수 있습니다.

지난 2017년 11월, 서울 시내에 있는 모 대학 남학생들이 단체 채팅방에서 같은 과 여학생들에 대해 지속적인 성희롱 발언을 해서 논란이 일어났습니다. 이들은 사건 공론화 이후에도 성희롱 발언을 멈추지 않았고, 결국 피해자가 이들을 모두 고소하는 일이 벌어진 것입니다. 가해자들은 법적인 처벌을 피해 군 복무를 선택했지만, 결국 군 검찰에 의해 약식 기소되었지요.* 친구들끼리 단체 채팅방을 만들어 성적인 농담, 비하, 조롱, 험담 등을 하는 사람들이 많은데, 만약 이 사례처럼 형사 고소가 제기되면 다 수사 대상입니다.

채팅방에 '강제로' 초대해 성희롱 및 혐오 발언을 하고, 욕설을 보내는 등의 행위도 문제가 될 수 있습니다. 이런 일은 중·고등학교를 중심으로 대학까지 끊이지 않고 반복되고 있습니다. 모두 형

* 홍지유, 「단톡방 성희롱 가해자 3명 무기정학 처분」, 〈중앙일보〉, 2018년 5월 1일.

법상 문제가 될 수 있습니다. 특히, 채팅방에서 나눈 대화는 모두 증거가 되어 민형사상 소송감이 될 수 있다는 것을 명심하기 바랍니다. 그만큼 글을 남긴다는 것은 무서운 것입니다.

청소년들은 어릴 때부터 메신저로 대화를 해 왔고, 말을 하는 것보다 메신저가 더 자연스러울 것입니다. 그래서 일상적인 모든 대화를 메신저로 하고 있는 실정이지요. 어찌 보면, 자칫 잘못하면 남에게 큰 피해를 줄 수도 있는 행위를 매일 하고 있는 것이지요. 이를 방지하고자 서울의 한 초등학교가 학생의 메신저 단체 채팅방 사용과 블로그, 카페 등의 온라인 커뮤니티 활동 전면 금지에 동의하는 서약서를 학부모와 학생에게 요구해 논란을 일으켰던 적도 있습니다.** 각종 SNS로 인해 인권 침해가 많이 일어나니, 이것을 아예 못 하게 막겠다는 것이지요. 요즘 같은 세상에 독재 시절이나 가능했던 공문을 보낸다는 것이 실효성이 있을지 모르겠습니다. 모든 것을 금지한다고 다 예방이 될지 모르겠습니다만, 또 다른 인권 침해 논란이 있을 것은 분명합니다.

그러나 스마트폰에서 일상적으로 사용하는 채팅에 대해 진지한 고민이 필요한 때입니다. 여러분은 채팅에 대한 인권 교육을 받아본 적이 있는지 궁금합니다. 사실은 저도 받지 못했어요. 그저 직업의 특성상 글의 위험성을 잘 알고 있을 뿐이지요. 현재 우리는

** 윤근혁, 「"SNS · 단톡방 금지" 한 초등학교의 '황당' 서약서」, 〈오마이뉴스〉, 2018년 3월 15일.

채팅은 일상적으로 사용하고 있으면서도 인권 교육은 거의 받지 못하고 있습니다. 특히 청소년들의 경우 학교에 다니면서 입시 공부에 집중하느라 인권 교육은 항상 뒷전에 밀리기 마련입니다. 단체 채팅방에서 생각 없이 쏟아 내는 글들이 자신에게 어떻게 되돌아올지 예상하지 못한 채 살아가고 있는 것입니다. 문제가 되면 단체 채팅방에서 빠져나오면 그만인 것으로 알고 있지요. 그러나 글은 영원히 지워지지 않습니다. 앞서 이야기했듯이 자신이 가지고 있는 자료를 삭제한다고 해서 없어지는 것도 아니며, 디지털 포렌식으로 복원도 가능하지요.

중요한 것은 인권 의식을 길러야 한다는 점입니다. 다행스러운 것은 각 대학 인권 센터 등에서 이런 문제점을 인식하고, 온라인 인권 교육을 시행하고 있다는 것입니다. 대학뿐만 아니라 초·중·고등학교 때부터 일상적으로 인권 교육을 시행해야 하며, 더 나아가 성인들도 온라인 등 여러 방법을 통해 인권 교육을 받게 해야 합니다.

이제는 우리의 목소리와 표정으로 대화하는 시대가 아니라, 글과 이모티콘으로 표현하고 대화하는 시대입니다. 작은 표현 하나가 상대방에게 큰 모욕감을 줄 수 있으며, 큰 사회적 범죄로 이어질 수도 있습니다. 내가 사용하는 채팅은 언제든지 범죄의 도구가 될 수 있다는 점을 인식하는 것이 매우 중요합니다.

## 가짜 뉴스는 사회를 어떻게 위협하는가?

우리는 단체 채팅방에서 일상적인 대화만 하지 않습니다. 우리가 알고 있는 각종 정보를 공유하기도 하지요. 저만 해도 카카오톡, 텔레그램, 밴드 등 수십 개의 단체 채팅방을 이용하고 있는데, 여기서 건강 정보, 요리법, 추천할 만한 책, 여행지 등 각종 정보가 쏟아지고 있습니다. 그런데 가끔은 생활 정보가 아니라 가짜 뉴스가 돌아다니기도 합니다. 이런 정보는 대부분 자극적이고, 충격적이지요.

평상시에는 주로 연예인 관련 가짜 뉴스들이 돌아다닙니다. 최근 모 연예인은 악의적 비방과 허위 사실 유포, 성적 희롱을 하는 온라인 악성 게시물에 대해서 법적 대응을 하겠다고 밝혔습니다. 선정적인 합성 사진과 함께 이를 비난하는 글로 인한 피해를 받은 것으로 드러났습니다. 결국 가해자들은 대부분 기소 의견으로 검찰에 송치되었으며, 재판부에서도 수십여 명의 피의자들을 상대로 벌금형과 사회봉사 등의 처벌을 내렸습니다. 이러한 사건이 있은 후에도 비슷한 사건이 또 일어났습니다. 한 네티즌이 또 다른 연예인의 노출 합성 사진을 페이스북에 올렸는데, '좋아요'가 많아질 때는 추가로 더 많은 사진을 공개하겠다고 해 논란이 되기도 했습니다.* 이런 악의적인 행위는 큰 처벌을 받을 수 있는 파렴치한 범

* 「'좋아요' 늘리려고 SNS 자작극… '합성 사진 고소' 칼 뺀 이유」, 〈헤럴드경제〉, 2018년 3월 22일.

죄입니다.

청소년들의 경우 연예계 뉴스에 더욱 민감하지요. 단순한 호기심이 잘못된 방향으로 표출될 때 돌이킬 수 없는 범죄가 될 수도 있습니다. 그러니 가짜 뉴스를 퍼뜨리는 사람들에게 주의를 주고, 이를 막는 사람이 될 수 있도록 지도해 줘야 합니다.

가짜 뉴스는 갑자기 사회적으로 큰 변화가 있을 때에도 활개를 칩니다. 2018년 5월 제주도에 예멘 난민 500명이 입국해 난민 신청을 했습니다. 유럽에서는 난민 신청 문제가 일상화되었지만, 우리나라에서는 전례가 없는 대규모 난민 신청이었습니다. 이와 관련해 수많은 가짜 뉴스가 돌아다녔습니다. 어떤 내용인지 살펴보겠습니다.

우선 난민들 중 가짜 난민이 있다는 이야기입니다. 비행기를 타고 한국에 입국했으며, 스마트폰을 사용하고 호텔에 숙박할 정도로 높은 수준의 경제력을 갖고 있다고 이들을 가짜 난민이라 주장합니다. 이 논리에 따르면, 모든 난민은 배를 타고 이동해야 하며, 경제적으로 궁핍해야 합니다. 그러나 난민들의 경제적 수준이 모두 다 같은 것은 아닙니다. 호텔에서 숙박하는 사람이 있는가 하면, 돈이 없어 노숙을 하는 이들도 있습니다. 사실 난민이라고 반드시 가난해야 하는 것도 아닙니다. 경제적인 이유도 있지만, 사회적 · 종교적 · 정치적 등 여러 원인이 혼재되어 난민이 되는 경우도 있기 때문입니다.

다음으로 난민으로 입국하게 되면, 정부가 월 138만 원을 지원해 준다는 이야기도 있었습니다. 엄청난 세금이 낭비된다는 것이지요. 하지만 법무부가 밝힌 난민 신청자 생계비 지원액은 난민 지원 시설을 이용하지 않는 경우 1인당 월 43만 2,900원입니다. 숙식을 해결할 수 있는 난민 지원 시설에 입소하는 경우에는 21만 6,450원으로 줄어들게 되지요.* 이 역시 명백한 가짜 뉴스입니다.

그 밖에 예멘 난민들이 국내 일자리를 뺏고, 성범죄가 증가할 것이라는 소문도 있었습니다. 그러나 실제로 이번에 제주도에서 난민 신청을 한 사람 중 400명의 난민이 양식업, 어업, 요식업 등 국내인들이 취업하지 않은 힘든 분야에 임시적으로 일자리를 얻었을 뿐입니다. 임시직이라 일자리를 계속 유지하는 것도 쉽지 않지요. 또한 2018년 6월 말까지 제주도 지방 경찰청에 예멘 난민 관련 신고는 소란 행위 2건, 임신부 등 응급 환자 3건, 생활고 1건, 길 물음 1건밖에 없었습니다. 오히려 현금 수십만 원이 든 분실 지갑을 습득해 경찰서에 돌려주는 선행이 언론을 통해 알려지기도 했지요.**

게다가 이들이 난민 인정을 받을지도 여전히 미지수입니다. 2013년부터 2017년 9월까지 우리나라에 난민 신청을 한 사람은 2만 3,312명에 달하지만, 난민으로 인정된 사람은 425명밖에 없

* 박요셉, 「예멘인 '가짜 난민'이라는 '가짜 뉴스'」, 〈뉴스앤조이〉, 2018년 6월 21일.

** 김유진, 「"유럽 같은 난민 범죄 공포감 우려" vs "부당한 프레임 규정 안 돼"」, 〈헤럴드경제〉, 2018년 6월 29일.

습니다.* 그만큼 난민 인정은 매우 어려운 일이라는 이야기입니다.

이렇듯 가짜 뉴스는 사실을 왜곡한 채 사회적으로 근거 없는 공포와 혐오를 유발합니다. 난민 문제는 전 세계가 안고 있는 문제입니다. 우리도 난민들이 상처받지 않도록 배려하되, 난민 신청을 허가하는 문제는 법무부에서 잘 처리하도록 믿고 기다려 주어야 할 것입니다.

프란치스코 교황도 "이브는 선악과를 따 먹으면 신처럼 전지전능해질 수 있다는 사탄의 거짓 정보에 넘어간 것이다. 이 사례는 가짜 뉴스가 초래하는 끔찍한 결과를 보여 준다. 가짜 뉴스는 편협하고, 과민한 태도의 징표로 오만함, 증오의 확산으로 귀결된다. 가짜 뉴스는 너무나 빨리 퍼져 책임 있는 당국이 부인해도 가짜 뉴스로 인한 피해를 차단하지 못할 수도 있다. 또, 가짜 뉴스로 인해 많은 사람들이 자신도 모르는 새 편견에 가득 찬, 근거 없는 뉴스를 퍼뜨리는 공범이 된다."라며 가짜 뉴스의 폐해에 대해서 경고하기도 했습니다.**

가짜 뉴스를 제작하는 것도 문제이지만, 이를 공개적으로 유포하는 것도 큰 범죄 행위라는 것을 인식해야 합니다. 특히 어느 한 개인에 대한 가짜 뉴스는 피해자에게 씻을 수 없는 상처까지 입힐

* 「'난민 신청' 급증하는데… 인정률 2%도 안 돼」, 〈JTBC 뉴스룸〉, 2017년 9월 30일.

** 현윤경, 「교황 "가짜 뉴스는 '사탄 계략'… 언론, 특종 아닌 진실 추구해야"」, 〈연합뉴스〉, 2018년 1월 25일.

수 있음을 기억해야 합니다. 형법 제307조 2항에서는 “허위의 사실을 적시하여 사람의 명예를 훼손한 자는 5년 이하의 징역, 10년 이하의 자격 정지 또는 1천만 원 이하의 벌금”에 처할 수 있도록 하고 있습니다. 이제는 가짜 뉴스의 위험성에 대해 사회적으로 많은 관심이 일어나야 합니다.

### 페이스북 ‘좋아요’의 위험

저는 페이스북을 7년째 사용하고 있습니다. 직업이 시민 활동가이다 보니, 홍보하고 알려야 할 행사와 모임들이 많습니다. 제 페이스북을 보고 단체 행사에 한 명이라도 찾아온다면 큰 보람이지요. 또한 저는 언론에 기고 글을 자주 쓰는데, 이때도 페이스북은 유용한 도구가 됩니다. 요즘은 언론사 홈페이지에 직접 방문하기보다는 포털 사이트나 페이스북을 통해 뉴스를 접하는 경우가 많이 있기 때문입니다. 페이스북 친구들이 공유하는 글은 대부분 읽고 있습니다. 어떠한 정보보다 정확하고, 의미가 있기 때문이지요.

페이스북에서 가장 큰 재미는 역시 ‘좋아요’ 기능과 ‘댓글’입니다. 저도 생일이나 좋은 일이 있을 때 페이스북에 글을 올리는데, 참 많은 분들이 ‘좋아요’를 눌러 줍니다. 많은 사람이 저에게 관심이 있다는 걸 확인하면 행복합니다. 저만 그런 것이 아니라, 많은 사람이 주변 사람들에게 관심받는 것을 좋아하는 경향이 있지요.

페이스북의 '좋아요'는 이렇게 자신이 주변 사람들에게 관심과 사랑을 받고 있다는 것을 눈으로 확인할 수 있게 해 주고, 그로 인한 만족감과 행복감을 준다는 점에서 많은 이용자들에게 긍정적인 평가를 받고 있습니다.

그런데 이러한 페이스북에도 부정적인 면은 있습니다. 심리학자이자 빅데이터 과학자인 스탠퍼드대학교 교수 마이클 코신스키의 연구가 이를 잘 보여 줍니다. 2013년 마이클 코신스키는 "페이스북을 활용하는 기업들은 '좋아요' 데이터를 통해 이용자의 개인적 성향을 정확히 예측할 수 있다."라고 말했습니다. 마이클 코신스키의 말에 따르면, '좋아요' 분석을 통해 페이스북 이용자의 인종은 95%, 성별은 93%의 정확도로 맞힐 수 있으며, 심지어 동성애자인지 이성애자인지도 88%, 민주당과 공화당 중 어느 쪽을 지지하는지도 85% 정확도로 예측할 수 있다고 합니다. 그 외에도 마이클 코신스키는 "10개의 '좋아요'는 동료보다, 70개의 '좋아요'는 친구나 룸메이트보다 더 많은 걸 알게 해 준다. 150개의 '좋아요'는 가족보다, 300개의 '좋아요'는 배우자보다 더 많은 정보를 획득할 수 있다."라고 이야기했지요.*

어떻습니까? 섬뜩하지 않습니까? '좋아요' 하나로 개인에 대한 거의 모든 성향을 파악할 수 있다는 것이지요. 더 무서운 것도 많

* 김영선, 「'좋아요' 300개면 페이스북이 남편보다 나를 더 잘 안다」, 〈머니투데이〉, 2018년 4월 11일.

이 있습니다. 제가 경험한 이야기입니다. 평소 정기적으로 하는 저녁 회의가 있었는데, 한번은 이 회의가 갑자기 취소되어서 급하게 친구들과 저녁 약속을 잡은 적이 있어요. 집에는 회의가 있어서 늦게 간다고 미리 말해 둔 상태였지만, 굳이 회의가 취소되었다는 것을 이야기하지 않고 오랜만에 친구들과 술을 마시며 신나는 시간을 가졌지요. 그런데 다음 날 페이스북을 보니 전날 같이 자리를 했던 친구들이 저를 몰래 찍은 사진을 올리고 제 아이디를 태그해 공유해 두었던 것입니다. 아내가 이것을 봤는지는 확인하지 못했지만, 사실 유쾌한 경험은 아니었습니다. 제가 모르는 사이에 개인 생활이 노출된 것이니까요.

또 다른 일도 있습니다. 어떤 분이 직장 상사 욕을 페이스북에 올린 적이 있어요. 여러분들도 속상하면 많은 사람들과 공유하고 싶지 않나요? 페이스북에 이러한 글을 올리면 '좋아요'를 많이 받는 경향이 있습니다. 누구나 직장 상사나 동료 때문에 속상한 경험이 있기 때문이지요. 문제는 내가 '좋아요'를 누르면 내 페이스북 친구들에게도 그 글이 공유된다는 것입니다. 제 페이스북 친구가 1,800명쯤 되니까 이들 중 상당수가 제가 '좋아요'를 누른 게시물을 볼 수 있다는 것이지요. 만약 제 친구 중 그 험담의 주인공인 직장 상사와 관련된 사람이 있다면, 그 내용이 전달될 수 있다는 뜻입니다. 페이스북을 자주 사용하는 사람들은 이런 일을 자주 목격할 수 있을 것입니다. 음주 운전보다 위험한 것이 '음주 페이스북'

이라는 속설도 있지요. 술에 취해 이상한 이야기를 올렸다가는 큰 일이 날 수도 있습니다.

페이스북으로 생기는 부작용은 이뿐만이 아닙니다. 더 심각한 것은 페이스북 '좋아요'에 심취하다 보니까 공유해서는 안 되는 것까지 게시합니다. 2016년 2월, 부산의 한 상가에서 현금을 절도한 10대들이 절도한 돈을 페이스북에 올려 검거된 황당한 사건이 일어났습니다. 미국에서는 자신의 애인이 외도하는 것을 발견하고, 직접 사진을 촬영하여 페이스북에 공유한 사건도 있었고요. 2017년 9월에는 강원도 강릉의 한 해변에서 여고생 일곱 명이 또래 여학생을 집단 폭행한 사건이 있었지요. 당시 피해자를 폭행하는 장면들이 언론에 공개되면서 큰 파문이 일어났는데, 황당하게도 폭행 여고생들이 자신이 가해자라는 것을 SNS에 올렸다는 것입니다.

이런 극단적인 사례 이외에도 페이스북을 사용하다 보면 불편한 점들이 많이 있습니다. 평소 친했던 사람과 정치적 성향이 달라 사이가 서먹해지기도 하고, 심지어 종교적 · 이념적 성향이 달라 친구를 차단한 적도 많이 있지요.

페이스북은 전 세계인들이 사용하는 SNS입니다. 일반적으로 페이스북을 통해 많은 친구들도 알게 되고, 좋은 글과 영상을 많이 접할 수 있습니다. 문제는 많은 사람들이 사용하다 보니, 위험성도 많이 있다는 것입니다. 무심코 올린 글 하나가 스스로를 위협하기도 합니다. 페이스북에 실시간으로 올린 사진으로 범죄의 표적이 될 수도 있어요. 2016년 미국에서는 지역 기숙사 등에 거주하는 여대생들의 SNS를 분석해 절도 행각을 벌인 40대 남성이 기소된 적이 있습니다. 이 남성은 여대생들이 카페, 쇼핑센터 등에서 실시간으로 올린 인증 사진을 보고, 거주지와 동선을 알아냈습니다. 그러고는 집을 비운 시간을 파악한 후 노트북, 보석, 속옷 등을 훔친 것이지요. 피해액은 25만 6,000달러이며, 피해자는 최소 33명이었습니다.* 이처럼 페이스북은 조심해야 할 것들이 한둘이 아닙니다. 청소년들은 더욱 조심스럽게 페이스북을 사용해야 합니다. 파급력이 크고, 절대 삭제되지 않으니까요.

또한 페이스북은 전반적으로 개인 정보에도 취약합니다. 온갖 마케팅에 집중적인 표적이 되기도 하지요. 2013년 한국전자통신연구원 사이버보안연구단이 페이스북 657만 개, 트위터 277만 개 등 한국인 SNS 이용자 계정 934만 개를 대상으로 개인 정보 노출 현황을 분석한 결과, 페이스북의 경우 성별(92%), 고등학교(47%), 혈액형(40%), 관심사(19%), 좋아하는 음악(14%) 순으로 개인 정보가 노출되는 것으로 밝혀졌습니다. 출신 학교나 거주 지역 등과 같은, 그 사람이 누구인지 직접적으로 알 수 없는 '비식별 정보'를 조합했을 때 개인을 특정할 수 있는 경우가 226만 명(34%)에 달했고, 여기에 대학교 정보를 추가할 경우 297만 명(45%)의 식별이 가능했습니다.

* 김혜영 · 박재현, 「무심코 올린 인증샷, 범죄의 표적으로 돌아왔다」, 〈한국일보〉, 2017년 7월 15일.

**페이스북 개인 정보 노출 현황**

| 개인 정보 | 노출 계정 수 | 비율 | 개인 정보 | 노출 계정 수 | 비율 |
|---|---|---|---|---|---|
| 이름 | 6,575,571 | 100.0% | 스포츠 팀 | 359,812 | 5.5% |
| 성별 | 6,059,339 | 92.1% | 활동 | 357,078 | 5.4% |
| 고등학교 | 3,139,450 | 47.7% | 인용구 | 294,686 | 4.5% |
| 혈액형 | 2,686,130 | 40.9% | 직책/직위 | 256,027 | 3.9% |
| 대학교 | 2,335,233 | 35.5% | 대학원 | 199,508 | 3.0% |
| 직장/직업 | 1,624,908 | 24.7% | 웹사이트 | 117,819 | 1.8% |
| 관심사 | 1,299,364 | 19.8% | 구사 언어 | 52,938 | 0.8% |
| 음악 | 933,056 | 14.2% | 종교관 | 43,635 | 0.7% |
| TV 프로그램 | 574,500 | 8.7% | 전화번호 | 41,900 | 0.6% |
| 영화 | 558,446 | 8.5% | 이메일 | 24,469 | 0.4% |
| 책 | 467,490 | 7.1% | 대화명 | 22,296 | 0.3% |
| 게임 | 457,165 | 7.0% | 정치관 | 17,548 | 0.3% |
| 스포츠 선수 | 447,492 | 6.8% | 주소 | 12,834 | 0.2% |
| 스포츠 | 365,782 | 5.6% | | | |

출처: 한국전자통신연구원 보도자료 「ETRI, SNS 통한 개인 정보 노출 '심각' 발표」

이렇게 SNS 속 개인 정보들이 서로 연결되면서 이른바 '신상 털기'가 쉬워져 사생활 침해와 더불어 피싱 사기나 타깃 광고, 각종 마케팅 등에 악용될 소지가 높다고 합니다.*

개인 정보를 완벽하게 보호하는 것은 불가능합니다. 하지만 페이스북이 우리의 어떤 정보를 노출하고 있는지 파악하고 있어야

* 한국전자통신연구원, 「ETRI, SNS 통한 개인 정보 노출 '심각' 발표」, ETRI 보도자료, 2013년 10월 14일 배포.

더 큰 위험을 막을 수 있습니다. 페이스북의 유용성과 위험성에 대한 교육이 이루어져야 할 이유이기도 합니다.

### 욕구 분출의 통로, 댓글

저는 〈오마이뉴스〉 등에 글을 쓰면서, 제 글이 포털 사이트에 노출되는 경험을 가끔 하게 됩니다. 포털 사이트 메인 화면에 노출되는 순간, 엄청난 검색 수를 기록하고 많은 댓글이 올라오지요. 제가 썼던 「정치 보복의 원조 MB... 노무현의 비극은 이렇게 시작됐다」라는 글은 다음 메인에 노출되면서 수많은 댓글이 달리기도 했습니다.** 댓글에 별로 신경 쓰지 않는 편이지만, 가끔 보면 화가 나는 댓글들도 있습니다. 〈오마이뉴스〉에 실렸던 제 글에 달린 댓글을 한번 살펴볼까요?

- 이 기자도 지라시 언론 퍼뜨리고 있네. 참 허수아비 노릇 하면서. 그렇게 한자리 찾아 먹고 싶은가 보지. 똘마니 기자.
- 이건 그냥 멍청이인가? (…중략…) 나이를 처먹었으면 나잇값을 해라. 국가기록원 서버가 무슨 컴퓨터만 한 줄 아나. 이 시키야 아는 게 없으면 글을 쓰지 마. 나중에 이 글 보면 부끄러워 죽을 거다.

• • •

** 전진한, 「정치 보복의 원조 MB... 노무현의 비극은 이렇게 시작됐다」, 〈오마이뉴스〉, 2018년 1월 25일.

정치적인 글을 쓰다 보면 이런 댓글들을 심심치 않게 보게 됩니다. 익명에 기대어 상대방이 받을 상처는 생각도 하지 않은 채 비방하는 글을 볼 때면 참으로 착잡한 마음이 듭니다.

익명 댓글은 인격 모욕을 넘어 여론을 조작하는 데에 일조하기도 합니다. 얼마 전에는 포털 사이트에 자동 매크로 프로그램을 이용해서 댓글을 조작한 일명 '드루킹' B 씨가 구속되기도 했지요. B 씨는 선거철마다 자신의 영향력을 과시하면서 정치인들에게 접촉한 것으로 드러났습니다. 2012년 대선에서는 국가정보원이 댓글 부대를 운영했다는 것이 드러나면서 큰 파문이 일어나기도 했습니다. 알다시피 국가정보원은 국민의 세금으로 운영되는 국가 기관입니다. 그런데 그러한 국가 기관이 특정 세력을 위해 공무원들에게 댓글을 달도록 지시하다니요. 이는 너무나 파렴치한 범죄 행위입니다. 이들이 이런 지시를 한 것은 포털 사이트에 올라오는 댓글들이 큰 영향력이 있다는 것을 의미하지요.

문제는 사회적으로 중요한 위치에 있으면서 부적절한 댓글을 올리는 사람도 있다는 점입니다. 2015년 2월, 수원지법 부장 판사 C 씨가 2008년부터 인터넷 공간에 악성 댓글을 수천 건이나 게재한 사실이 드러난 적이 있습니다. 그는 5개의 아이디를 활용, 포털 사이트에 올라온 기사에 특정 집단과 지역을 비하하고 독재 정권 치하의 재판을 옹호하는 식으로 댓글을 남겼지요. C 씨의 댓글 상당수는 그간 사법부가 판결을 통해 인정해 온 '표현의 자유' 범위를 벗어난다는 지적을 받기도 했습니다.* C 씨가 남긴 몇 가지 댓글들을 살펴볼까요?

- 촛불 폭도들은 쇠망치로 박살 내고 싶다
- 박통, 전통 시절에 물고문, 전기 고문했던 게 역시 좋았던 듯

그냥 보기에도 헤이트 스피치에 해당하는 반인륜적 글이지요. 심지어 독재 정권에서 자행되었던 고문을 찬양하고 있어요. 이런 정신 상태인 판사의 판결을 누가 신뢰할 수 있을지 의문입니다. 이렇듯 공인들이 댓글을 잘못 달아 문제가 되는 경우가 종종 있습니다.

익명은 아니지만 반인권적 댓글로 큰 파문이 일어난 경우도 있습니다. 2004년 밀양의 고교생 44명이 울산의 여중생 자매를 밀양으로 유인, 납치해 지속해서 성폭행한 사건이 있었습니다. 당시 가해자들이 대부분 처벌을 받지 않으면서 사회적 공분이 일어난 사건이지요.

그런데 이 사건은 가해자뿐 아니라 생각지도 못한 인물에게까지 대중들의 분노가 이어졌습니다. 바로 가해자의 친구였던 D 씨입니다. 당시 여고생이었던 D 씨는 가해자의 싸이월드에 가해자를 옹호하는 글을 남겼는데요. D 씨가 경찰 공무원 시험에 합격해 경남

---

* 이경원 · 정헌수, 「판결문 아닌 '악플'로 이야기한 부장 판사」, 〈국민일보〉, 2015년 2월 13일.

의 한 경찰서에서 순경으로 근무하고 있다는 사실이 2012년에 어느 인터넷 게시판에 공개된 것이지요. 파문이 일자 D 씨는 사과문을 올렸지만 사회적 비난 여론은 엄청났습니다. 어린 시절 무심코 달았던 한 글이 사회인이 되어서도 발목을 잡은 것입니다. 이렇게 잘못된 짧은 글 하나가 사회생활에 큰 장벽으로 작용하기도 합니다.

대부분의 댓글은 익명이기에 여러모로 표현의 자유, 정치적 자유를 누릴 수 있는 좋은 수단이 되기도 합니다. 권력을 비판할 때 자신이 투명하게 드러난다면 표현하기가 쉽지 않겠지요. 미투 운동이 벌어졌을 때의 댓글 제보 역시 좋은 사례라고 볼 수 있습니다. 심지어 사회적으로 언론 특종도 작은 댓글에서 시작되는 경우도 많이 있습니다.

그러나 정도를 벗어나면 댓글은 엄청 위험한 무기가 되기도 합니다. 마음속 깊이 있는 분노를 쏟아 내는 도구이기 때문입니다. 자신의 이름을 밝히지 않으니 자신의 신분이 드러나지 않을 것이라는 생각으로 평소 배설하고 싶었던 욕설, 비하, 혐오 감정을 쏟아 내는 것이지요. 가장 쉽게 볼 수 있는 피해자는 단연 연예인이 아닐까 생각합니다. 악성 댓글로 고통받다가 스스로 목숨을 끊거나 자해를 시도하는 연예인들의 소식을 심심치 않게 들을 수 있으니 말입니다.

중요한 것은 익명이 영원한 것이 아니라는 것입니다. 생각보다 쉽게 댓글을 쓴 사람을 찾아낼 수 있습니다. 한 가지 방법이 바로 아이디를 보는 것이지요. 앞에서 언급한 방송사 기자도 일베에서 사용했던 아이디를 그대로 다른 사이트에서 사용하다가 적발이 된 경우입니다. 저 역시 일하던 직장 홈페이지에 저를 비난한 댓글을 쓴 사람을 아이디로 찾은 적이 있습니다. 아이디를 검색해 보았더니, 제가 아는 사람이더군요. 버젓이 자신의 이름으로 블로그를 운영하고 있었습니다. 그 사람은 여전히 저를 만나면 반갑게 인사를 합니다. 본인이 그러한 댓글을 썼다는 사실을 제가 아직까지도 모르고 있다고 생각하기 때문이겠지요.

아이디를 다르게 쓰면 괜찮을까요? 아이디가 다르다고 하더라도 피해 당사자가 경찰청 사이버 수사대에 수사를 요청하면 댓글들의 주인은 드러나기 마련입니다. PC방을 이용해 IP주소를 숨기면 되지 않겠냐고 생각하는 분들도 분명 있을 것입니다. 유감스럽게도 PC방에는 대부분 CCTV가 설치되어 있어, 어떤 시간대에 누가 컴퓨터를 사용했는지 다 알 수 있습니다. 요즘 같은 정보화 시대에 완벽한 익명 댓글이 가능하다고 믿는다는 것은 어리석은 일이지요. 그러니 댓글로도 자신의 신분이 노출될 수 있다는 것을 인지하고 있어야 합니다. 또한 남을 비판할 때에는 '사실'과 '의견'을 정확히 구분해 써야 하며, 남을 혐오하거나 비꼬는 글을 쓰지 않아야 합니다.

저는 댓글을 쓰지 않습니다. 하고 싶은 이야기나 해야 할 이야기가 있으면, 언론을 이용해 실명으로 쓰고 있습니다. 수많은 댓글보다, 자신의 이름을 걸고 쓰는 한 명의 글이 더욱 영향력이 있기 때문입니다. 물론 이렇게 활동을 하다 보니, 여러분이 상상도 못 할 힘든 일들을 많이 겪기도 합니다. 그러나 이런 일을 감수하는 것도 글을 쓰는 '책임'이라고 생각합니다. 그렇기에 저는 사소하게 보이는 댓글일지라도 글을 쓸 때에는 '책임'이 발생한다는 사실과, 형식에 맞는 글 쓰는 법을 배워야 한다고 생각합니다.

### 스마트폰 카메라는 위험한 무기?

스마트폰 기능 중 계속해서 발전하는 것 중 하나가 카메라 성능이 아닐까 생각합니다. 작은 스마트폰에 탑재된 카메라 화질에 놀랄 때가 한두 번이 아닙니다. 나날이 발전하는 스마트폰 카메라 기능이 자신의 일상을 '기록'하는 시대가 되는 데 앞장섰다고 생각합니다. 페이스북이나 인스타그램 등도 스마트폰 카메라 기능 덕분에 활성화된 것이지요.

문제는 이 카메라를 엉뚱한 곳에 사용하면 큰 범죄로 이어질 수 있다는 점입니다. 가수 E 씨는 그가 부른 한 노래가 음원 차트를 역주행해 1위까지 오르며 많은 이들에게 사랑을 받았습니다. 그런데 E 씨가 몇 년 전 강남의 한 공용 화장실에서 여성을 몰래 촬영하다 적발되어 처벌을 받았다는 사실이 알려지면서 많은 팬들에게 큰 충격을 주었지요. 또, 2015년에는 서울역 계단에서 여성의 신체를 몰래 찍던 남성이 검거되어 벌금 700만 원을 선고받기도 했습니다. 이 남성은 이전에도 두 차례나 관련 범죄 경력이 있었는데, 더 충격적인 것은 그의 직업이 강남의 한 대형 교회 부목사였다는 사실이었지요.

이렇게 스마트폰에 카메라가 탑재된 이후, 이와 관련된 범죄가 많이 늘어나고 있습니다. 대검찰청에 따르면 몰래카메라 범죄는 1,523건이 발생한 2011년에 비해, 2016년에는 5,185건으로 세 배가량 증가한 것으로 나타났습니다. 방송통신심의위원회에 접수된 몰래카메라 등 영상물 삭제 요청 건수는 2016년 7,237건에 달했으며,* 서울 지하철의 경우 2017년 한 해에만 지하철 1~8호선에서 총 643건의 몰래카메라 피해 건수가 접수되기도 했지요. 문재인 대통령도 "몰카 범죄, 데이트 폭력 등은 여성의 삶을 파괴하는 악성 범죄며 이를 중대한 위법으로 다루는 인식 전환이 필요하다."라는 발언을 하기도 했습니다.

문제는 몰래카메라 범죄자들 중 청소년이 급증하고 있다는 것입니다. 2018년 5월, 부산의 모 대학교 도서관의 여자 화장실에서 스마트폰을 이용해 몰래카메라 촬영을 하던 고등학생이 적발되는 사건이 발생한 적이 있습니다. 이 고등학생은 현장에 있던 대학생들에 의해서 붙잡혔지요. 범죄 당사자는 혐의를 강하게 부인했지만,

* 박소연, 「'홍대 누드크로키' '항공대 단톡방 유출' 증가하는 몰래카메라 범죄 ... "처벌 강화해 주세요"」, 〈국제신문〉, 2018년 5월 11일.

화장실 앞에 설치된 CCTV로 인해 범죄가 드러났습니다. 2015년에는 고등학생이 서울 종로구 주변 학교와 학원, 대형 서점 등에서 여성들의 다리와 치마 속, 뒷모습 등을 카메라로 몰래 찍어 경찰에 검거된 사건도 있었습니다. 현장에서 130여 장의 사진이 발견되기도 했지요.*

이 같은 행위는 심각한 범죄 행위입니다. 성폭력 범죄의 처벌 등에 관한 특례법 제14조 제1항에서는 "카메라나 그 밖에 이와 유사한 기능을 갖춘 기계 장치를 이용하여 성적 욕망 또는 수치심을 유발할 수 있는 다른 사람의 신체를 그 의사에 반하여 촬영하거나 그 촬영물을 반포·판매·임대·제공 또는 공공연하게 전시·상영한 자는 5년 이하의 징역 또는 1천만 원 이하의 벌금에 처한다."라고 규정하고 있습니다. 만약 영리를 목적으로 하는 경우에는 죄가 더욱 무겁습니다. 같은 법 제3항에 "영리를 목적으로 제1항의 촬영물을 정보 통신망을 이용하여 유포한 자는 7년 이하의 징역 또는 3천만 원 이하의 벌금에 처한다."라는 가중 처벌 규정을 명시해 두고 있습니다. 청소년 시기에 이런 전과를 가지고 있다면, 평생 주홍글씨가 새겨진 채 살아가야 하겠지요. 취업 시 성범죄 전과를 조회하는 곳들이 점차 늘어나고 있습니다. 그만큼 성범죄는 사회적으로 용서할 수 없는 행위인 것이지요.

* 황선중, 「청소년마저 '찰칵'... '몰카 불안'에 떠는 여성들」, 〈뉴스핌〉, 2018년 6월 4일.

스마트폰에 탑재된 카메라는 어떻게 이용하느냐에 따라 한 사람을 큰 고통에 빠뜨릴 수 있는 위험한 무기가 될 수 있습니다. 너무나 당연하고 상식적인 일이지만, 만에 하나를 위해 카메라를 어느 때에 어떤 장소에서 사용해야 하는지, 그리고 몰래 찍는 사진은 범죄 행위라는 것을 어릴 때부터 철저히 교육해야 합니다.

part 3

# 4차 산업 혁명과 직업의 원초적 변화

1만 개의 직업과 20개의 직업
사라지는 직업과 생겨날 직업
위기에 직면한 전문직
직업을 창조하는 시대가 오고 있다

# 1만 개의 직업과 20개의 직업

## 직업은 끊임없이 생겨나고 있다

다양한 직업들이 시간이 흐름에 따라 생겼다가 사라지곤 합니다. 특히 시대가 급변하는 경우 그 폭이 더 커집니다. 예를 들어 과거의 산업 혁명 시대를 생각해 보면 쉽게 이해가 되지요. 증기 기관차가 발명되었을 때 마부, 인력거꾼, 배달부 등 육체노동에 종사했던 노동자들은 충격에 빠졌을 것입니다. 거대한 증기 기관차를 보면서 자신의 힘이 기계를 따라갈 수 없다는 것을 절감했을 테니까요. 그리고 그들의 직업은 자연스럽게 사라지게 되었습니다. 또한 디지털카메라의 등장으로 필름 카메라 사용자들이 줄어들고, 필름을 만드는 노동자들 역시 일자리를 잃을 수밖에 없었습니다. 이처럼 변화의 속도가 빠를수록 직업의 세계도 크게 요동치는 것은 어찌 보면 당연합니다.

부모님들은 우리 아이들이 커서 어떤 직업을 가져야 경쟁력이 있을지 많은 걱정을 하고 있을 것입니다. 아이가 초등학생이라면, 20년 후 어떤 직업을 가지게 될까요? 우주선을 조종하는 파일럿, 최첨단 산업을 이끄는 경영인, 증강 현실을 반영한 게임을 만드는 프로그래머, 생활형 로봇을 설계하는 과학자 등 몇 개의 직업들이 떠오르겠지요. 하지만 상상을 멈추고 나면 한숨이 나올지도 모르겠습니다. 우리 아이가 무엇을 좋아하는지, 어떤 곳에 적성이 맞는지, 특기가 무엇인지 알지 못하는 답답한 마음과 더불어, 미래에 어떤 직업이 만들어질지 예상하는 것이 매우 어렵기 때문이지요.

그런데 말입니다. 미래에 새로 생겨날 직업이나 각광받을 직업을 예측하기 위해서는 현재를 제대로 아는 것이 매우 중요합니다. 이미 존재하고 있는 것을 발판으로 발전·변형되는 경향이 크기 때문이지요. 그러나 현재 직업의 종류도 제대로 알고 있는 사람들은 많지 않습니다. 지금 알고 있는 직업이 몇 가지나 있는지 머릿속에 떠올려 보기 바랍니다. 아무리 많아도 100개의 직업은 떠올리지 못할 것입니다.

그러나 세상에는 언론에 소개되지 않은 다양한 직업이 존재합니다. 현재 우리나라 직업의 수는 2017년 12월 기준 1만 2,145개라고 합니다.* 우리보다 시장이 넓은 일본은 1만 7천여 개, 미국은

* 워크넷 홈페이지, '직업 · 진로 〉 직업 정보 〉 한국 직업 사전' 참조.

3만여 개가 있다고 합니다.* 고용노동부와 한국고용정보원이 운영하는 취업 정도 사이트인 워크넷에 등록된 직업 몇 가지만 소개해 보도록 하겠습니다.

□ 기업 컨시어지

기업의 대표, 임직원들이 업무에만 집중할 수 있게 모든 범위에서 도움을 주는 사람

□ PPL 마케터

텔레비전 드라마나 예능 프로그램 속에 제품을 등장시키는 광고 기법인 PPL을 진행하는 사람

□ 퍼스널 쇼퍼

고객의 직업, 나이, 체형, 구매 성향, 스타일, 경제 수준 등을 총체적으로 파악해 고객에게 가장 적합한 상품을 추천하는 일을 하는 사람

□ 레지스트라

수집된 문화재 또는 예술품을 등록하고 보관·관리하는 사람

지금 언급한 직업 중 이미 알고 있었던 직업이 있나요? 꽤나 생소한 직업들이라 대부분 모르지 않을까 생각합니다. 낯선 직업이기는 하지만 우리 사회에 존재하는 직업입니다. 일반적으로 한 개

* 김아름, 「청년위, '청년 일자리의 또 다른 해법, 창직의 길' 포럼 개최」, 〈파이낸셜뉴스〉, 2016년 12월 15일.

인이 떠올릴 수 있는 직업은 20가지 내외라고 합니다. 부모님들이 아이들의 미래를 걱정하는 것은 자신이 알고 있는 그 20여 개의 직업군 안에 아이들이 들어가지 못할지도 모른다는 생각 때문일 것입니다. 예를 들어 삼성, LG 등 대기업에 입사하려면 어떤 특성을 가져야 하는지 알아볼까요? 우선 외국어 능력이나 컴퓨터 활용 능력 등 기업에서 원하는 능력이 있어야 하고, 부가적으로 지시하는 업무를 이행하고 동료들과 화합하는 인성을 갖추고 있어야 하겠지요. 아무리 피곤하더라도 아침 7시쯤에는 일어나서 출근을 해야 하며, 매일 주어진 일을 착실하게 수행하는 성실함도 필수입니다. 거기에 업무 시간이 끝난 후 동료들과 회식을 즐기는 성격이라면 금상첨화일 것입니다.

그런데 만약 우리 아이가 생활 패턴이 불규칙적이고, 아침에는 절대 못 일어나고, 매일 계획을 세워 일하는 것을 싫어한다면 어떨까요? 아마도 부모님들 입장에서는 걱정이 이만저만 아니겠지요. 그런데 사실 이런 아이들은 주위에 참 많이 있습니다. 그럼 모든 부모가 걱정을 안고 살아야 할까요? 전혀 그렇지 않습니다. 대신 달리 바라보고 생각할 필요가 있습니다. 지금 침대에서 아이가 뒹굴고 있다고 해도 그저 한심스럽게 생각하지 마세요. 이 아이가 침대에서 뒹굴면서 멋진 SF영화 시나리오를 구상 중일 수도 있지 않겠습니까? 그 시나리오가 비싼 값에 팔려 극장에서 상영되는 날을 상상해 보세요. 더할 나위 없이 기쁘지 않을까요?

저는 어릴 때부터 말이 많았습니다. 친구들과 어울리는 것을 좋아했던 반면, 공부에는 도통 집중하지 못했습니다. 말이 하고 싶어서 말입니다. 수업 시간에 떠들다가 참 많이도 맞았습니다. 짝꿍이랑 몰래 이야기를 나누는 것이 얼마나 재미있었는지 모릅니다. 초등학교 통지표에는 '주의가 산만하다'는 말이 늘 빠지지 않고 있었습니다. 주변 어른들은 수업 시간에 공부도 안 하고 떠들기만 하는 저를 보면서 커서 뭐가 될지 많이 걱정했습니다.

그런데 지금 저는 전국 곳곳으로 공무원 및 언론인, 학부모들을 대상으로 강의를 하러 다니는 전문 강사가 되었습니다. 2~3시간씩 강의하는 것은 생각보다 쉽지 않습니다. 그 자리를 즐겨야 가능한 일이지요. 하지만 강의를 할 때 수강자들이 웃어 주면 그렇게 신날 수가 없습니다. 강의 시간이 예상보다 길어져도 수강자들의 반응만 좋으면 전혀 피곤하지 않더군요. 생각해 보면 제가 어릴 때 말하는 것을 좋아했던 것은 강사라는 직업을 위한 예비 훈련이 아니었나 싶어요. 여러분들의 아이가 남들 앞에 서는 것을 좋아하고, 말하는 것을 좋아한다면 저처럼 강사가 될 끼가 있는 것은 아닐까요?

또 다른 성격을 살펴볼까요? 평소 성격이 꼼꼼하고 기록을 분석하는 것을 좋아하며, 역사의식이 있다면 '기록 전문 요원'이라는 직업에도 잘 맞을 것입니다. 조금 생소한 직업일 수도 있지만, 1999년 공공 기록물에 관한 법률이 제정되면서 만들어진 직업으로, 최근 매우 주목받는 직업 중 하나입니다. 공공 기관에서 생산

되는 각종 기록을 등록·분류·이관·평가하는 업무를 하고 있지요. 2005년부터 본격적으로 배출되면서 현재 700여 명의 기록 전문 요원이 전국 공공 기관에서 활동하고 있습니다. 기록 전문 요원이 되려면 전국에 있는 기록관리 대학원 석사 학위 이상을 받으면 됩니다. 또는 기록관리학 교육 과정을 이수하고, 행정안전부 장관이 시행하는 기록물 관리 전문 요원 시험에 합격한 사람도 가능하지요.

이렇듯 직업은 그 사람의 특성에 맞게 선택해야 합니다. 보편적 기준에 따라 사람을 평가하고 걱정하는 것은 온당치 않아요. 아이의 특성을 존중해 주세요. 아이의 특성을 잘 키우면 큰 성공을 거둘 가능성이 높습니다.

물론 직업을 선택할 때에는 현재의 직업에만 연연해서는 안 됩니다. 과거에는 상상도 할 수 없었던 분야가 직업으로 만들어지고 있으니까요. 저의 본 직업인 시민 활동가도 1970~1980년에는 상상도 할 수 없었던 직업입니다. 1990년대가 되면서 참여연대, 경제정의실천시민연합, 환경운동연합 등이 창립되었고, 여기서 상근으로 일하는 시민 활동가들이 생겨나기 시작했습니다. 저도 참여연대 공채 출신입니다. 제가 참여연대 입사 시험을 쳤을 때 경쟁률이 10대 1이었을 만큼, 매우 많은 사람들의 관심을 끌었습니다.

우리가 알지 못하는 직업들은 차고 넘칩니다. 그 직업에 맞는 특성과 실력은 전혀 다른 기준으로 설정됩니다. 매일 잠을 자는 아이의 머릿속에 멋진 소설 시나리오가 생겨나고 있는지 모릅니다. 친구들을 너무 좋아해 매일 친구들과 어울려 다니는 아이는 미래에 멋진 카페 사장이 되어서 큰 성공을 거둘 수도 있습니다. 누가 사람의 미래를 예측할 수 있겠습니까?

많은 학부모님이 제 강의를 듣고 연락을 해 옵니다. '아이가 집중력이 떨어지는 것 같다.' '꿈이 없는 것 같다.' '게임에만 너무 몰입한다.' 등 자녀들에 대한 여러 고민을 털어놓지요. 부모님께 아이의 나이를 물어보면 대개 열다섯, 열여섯 살입니다. 그러면 저도 모르게 웃음이 터져 나옵니다. 그 나이 때 뚜렷한 꿈이 있고, 높은 집중력으로 공부만 하는 아이는 드뭅니다. 그러니 지금의 잣대로 아이들의 미래를 걱정하지 마세요. 어쩌면 부모님들이 가져야 할 가장 큰 마음가짐은 '기다림'과 '인내'가 아닐까 싶습니다.

중요한 것은 앞으로는 직업 한 가지로는 평생 살아갈 수 없음을 인지하는 것입니다. 저는 현재 시민 활동가, 대학 강사, 전문 강사, 저널리스트 등의 직업을 가지고 있어요. 한 가지 분야에 몰입하다 보면, 다양한 직업이 생기기 마련입니다. 평균 수명이 늘어남에 따라 우리 아이들은 적어도 90년은 살아야 합니다. 그렇다면 30년은 자신에게 맞는 직업을 찾기 위해 준비하고, 60년은 즐거운 일을 하면서 살아가는 인생이 되어야 하겠지요. 무한한 가능성이 열려 있으니 우리 아이들에 대해서 긍정적인 눈으로 봐 주시기 바랍니다.

## 돈을 버는 방식도 달라진다

직업이 필요한 이유 중 하나는 생계를 유지하기 위함일 것입니다. 쉽게 말해 돈을 벌기 위해서이지요. 과일 가게는 과수 농가에서 좋은 품질의 과일을 싸게 사 와서, 합리적인 가격으로 소비자들에게 팔 때 수익을 남길 수 있습니다. 건설 회사는 좋은 아파트를 지은 후 분양을 통해 돈을 벌지요. 이렇게 자신의 전문 기술을 시장에 팔아, 수익 창출을 하는 것이 전통적인 방식입니다.

그런데 최근에는 다른 형태의 수익 창출 방법도 생겨나고 있습니다. 대표적인 것이 시민 단체입니다. 제가 일했던 '투명사회를 위한 정보공개센터'를 예로 들어 보겠습니다. 투명사회를 위한 정보공개센터는 어떻게 수익을 창출해 활동가들에게 급여를 주고 있을까요? 먼저 시민 활동가들이 열심히 활동을 하고, 그 결과를 주위 사람들이나 언론에 홍보합니다. 이후 활동 내역을 보고 정보공개센터 활동에 동참하고 싶은 시민들이 유료 회원으로 가입을 합니다. 월 1만 원에서부터 자신의 경제 수준에 맞게 후원이 가능하지요. 직접 물건을 팔지는 않지만, 전문적인 정보 공개 운동을 통해 회원을 유치함으로써 수익을 창출하는 것입니다.

언론 중에서도 이런 수익 창출 구조를 가지고 있는 곳이 있습니다. 바로 한국탐사저널리즘센터의 〈뉴스타파〉입니다. 〈뉴스타파〉는 언론의 전통적 수익 창출 방식인 언론 광고를 하지 않습니다. 한국탐사저널리즘센터에는 30명이 넘는 기자와 피디, 직원들이 있는데도 별다른 수익 사업 없이 오직 언론의 전통적인 감시 기능만을 수행하고 있지요. 이곳 역시 후원자들을 통해 수익을 창출하고 있고, 3만 명이 넘는 후원자들이 있습니다. 아마도 우리나라 비영리 단체 중 가장 큰 규모를 자랑하는 곳일 것입니다. 언론이 제 기능을 하지 못할 때에도 묵묵히 정부와 기업을 감시하는 특종 보도를 쏟아 냈습니다.

## 기업의 형태도 달라진다

요즘 기업은 영리만 추구하지 않습니다. 최근 증가하는 형태의 기업으로 소셜 벤처라는 것이 있습니다. 취약 계층에게 일자리를 제공하는 등 여러 사회적 목적을 추구하면서도 이윤을 추구하는 기업을 의미하지요. 그 형태도 협동조합, 사회적 기업, 마을기업, 자활기업, 소비생협 등 매우 다양합니다. 대표적인 소셜 벤처 몇 곳을 소개하자면, 먼저 친환경 먹거리를 유통하는 '한살림'과 같은 생활협동조합을 꼽을 수 있습니다. 이곳은 친환경 채소, 과일, 고기 등 먹거리를 회원들에게 지속해서 제공해 주는 역할을 하고 회원들은 물건값을 부담합니다. 친환경 농산물에 관심 있는 사람들이 지속적으로 회원으로 가입하고 있어, 매년 그 규모가 커지고 있습니다. 이런 형태로 각종 먹거리 협동조합은 우리나라에서 수치나 양적 측면에서 크게 성장하고 있습니다.

2017년 5월 18일 민주화 운동 36주년 기념식에서 문재인 대통령이 신었던 낡은 구두가 화제가 되었던 일을 기억하나요? '아지오'라는 브랜드에서 만든 구두였지요. 아지오는 파주시 장애인종합복지관에서 설립한 '구두 만드는 풍경'의 자체 브랜드입니다. 구두 만드는 풍경은 주로 청각 장애인들을 고용해 수제 구두를 만드는 곳입니다. 즉, 청각 장애인의 자립을 돕기 위한 사회적 기업이지요. 구두 만드는 풍경은 구두의 품질은 최고로 평가받았습니다만, 장애인이 만든다는 선입견 때문에 경영에 많은 어려움을 겪다 2013년 결국 경영난으로 폐업을 하게 됩니다.

그런데 대통령이 이 구두를 애용한다는 것이 알려지면서 2017년 12월, 사업을 재개하게 되지요. 회사가 돈을 벌어 청각 장애인들 취업을 해결하고, 취업에 성공한 장애인들이 수익을 창출하는 선순환 구조를 더욱 견고하게 구축한 상태로 말입니다. 2018년 5월에는 주 3회 방송으로 CJ오쇼핑에서 중소기업 상생 프로그램인 〈1사 1명품〉을 통해 판매를 했으며, 유명 인사들이 홍보대사를 자임하며 열심히 홍보까지 하고 있습니다. 이제야 이 회사의 가치가 빛을 발하고 있는 것 같아 다행입니다.

위에서 소개한 것처럼 사회적으로 의미 있는 일과 수익 창출이라는 두 가지 목표를 함께 추구하는 기업들이 많아지고 있습니다. 아마 사회적 기업 형태는 지금보다 더욱 다양해질 것입니다. 직업에서 가장 중요한 수익도 다양한 형태로 창출하겠지요. 이제 전통적으로 상품만을 파는 기업보다, 몇 가지 가치를 동시에 추구하는 기업이 많아질 것입니다. 즉, 향후 4차 산업 혁명과 함께하는 사회적 기업이 많이 늘어날 전망입니다. 따라서 앞으로는 수익만을 창출하는 회사만을 고집하기보다는 다양한 형태로 수익을 창출하는 곳에 관심을 기울이는 것이 중요합니다.

# 사라지는 직업과 생겨날 직업

### 대학은 구조 조정을 피하기 힘들다

앞서 우리나라에는 1만 2,145개의 직업이 있다고 이야기했습니다. 과거에 사라진 직업들이 있듯이, 이 중에서도 분명 사라질 직업들이 있겠지요. 그렇다면 10~20년 후 없어질 직업에는 어떤 것들이 있을까요? 그리고 새로 생겨날 직업은요? 예상하기 쉽지 않지만, 세상의 변화를 자세히 관찰하면 어느 정도 예측이 가능합니다.

우리나라 직업에서 높은 비율을 차지하고 있는 곳은 역시 사교육 시장입니다. 주변을 보면 대학을 졸업한 후 학원에 취업하는 경우가 많이 있습니다. 우리나라 교육이 입시 위주에만 초점이 맞추어져 있다 보니 그만큼 학원이 많고 다양하기 때문에 취업하는 사람들이 많은 것이지요. 그런데 저는 앞으로 10년, 아니 그보다 더 일찍 사교육 시장이 붕괴될 것으로 예상합니다. 심지어 공교육도 위험한 상태라고 보고 있습니다.

충격적인가요? 지금 있는 상당수의 초·중·고가 사라지면서 사교육 시장이 붕괴될 것입니다. 이미 지방에서는 학교가 사라지는 것이 이상한 일이 아니지요. 그렇다면 대학은 어떨까요? 대학은 초·중·고보다 더욱 빨리 구조 조정이 될 가능성이 높습니다. 이런 예상을 하게 된 근거를 살펴볼까요? 통계청에 따르면 2017년 출생아 수는 35만 7,700명입니다. 2016년 대비 4만 8,500명(-11.9%)이 감소했어요. 여성 한 명이 아이를 낳을 것으로 예상하는 평균 자녀의 수는 1.05명으로, 1970년 출생 통계 작성 이후 최저치입니다. 심각한 것은 이 수치가 전 세계에서도 최저치라는 것입니다. 그래도 체감이 잘 안 되나요?

다른 연령대로 비교해 보도록 하겠습니다. 1970년에는 100만 명, 1971년에는 102만 명, 1973년에는 96만 명, 1974년에는 92만 명이 출생했습니다. 약 35만 명의 아이들이 태어난 2017년의 거의 세 배 수준입니다.*

그러면 대학 정원은 어떤지 한번 살펴볼까요? 2016년 기준 4년제 대학 및 전문 대학의 입학 정원은 50만 3,481명이며, 이 중 일반 대학이 31만 9,499명, 전문 대학이 17만 7,660명입니다.** 통계청에

* 「2017년 출생·사망 통계 잠정 결과」, 통계청 사회통계국 인구동향과 보도자료, 2018년 2월 28일.

** 「〈대교연 통계〉 학생 수(입학 정원)」, 대학교육연구소 홈페이지, 2016년 12월 7일.

따르면 2018년 기준으로 현재 중학교 2학년인 2004년생은 약 47만 명 태어났는데, 현 대학 정원은 이보다 더 많은 50만 명이 넘습니다. 대학 정원과 출생 인원이 역전된 것입니다. 인구는 줄어드는 데 반해, 대학은 늘어나면서 생겨난 현상입니다. 물론 앞으로도 서울권 상위 대학을 가려면 치열한 경쟁을 거쳐야 할 것입니다. 현재까지 서울권 대학이 주는 장점은 분명히 있으니까요. 여전히 대기업은 서울권 대학 출신을 선호하고, 실제 많이 선발합니다. 하지만 대학 전체는 구조 조정되면서, 대학 입시에 대한 전체적인 수요는 많이 줄어들 가능성이 높습니다.

집 근처에 있는 초등학교를 한번 보세요. 한 반에 학생이 많아야 25명이고, 적은 곳은 열 명인 곳도 많이 있습니다. 제가 초등학교에 다닐 때만 하더라도 한 반에 학생이 60명 가까이 되었습니다. 게다가 2부제 수업을 했지요. 그 시절 입시 지옥이라는 말이 생겨났습니다. 지방에 있는 대학이나 전문 대학도 치열한 경쟁률을 자랑해, 당시만 하더라도 재수나 삼수를 하는 학생들이 많았습니다.

출생 아이들이 줄어들면서, 대학만으로 자신의 미래가 결정되는 시대는 끝나고 있습니다. 이제는 대학이 우리 삶을 보장해 주지 못한다는 것을 서서히 인식하기 시작한 것입니다. 다시 말해, 졸업만 하면 평생직장이 보장될 줄 알고 모두 다 대학으로 몰려갔는데, 막상 졸업하니 또 다른 장벽이 기다리고 있는 것이지요.

왜 그럴까요? 우선 우리나라 대학은 직업이 아닌 직장 위주의 교육을 해 왔습니다. 대부분 취업을 위해 필요한 학과들이 만들어졌지요. 직업을 위한 전공은 입시에서 아주 우수한 학생들에게만 주어진 혜택이었습니다. 가령 변호사(로스쿨), 의사, 약사, 한의사, 건축가 같은 직업들은 대학을 졸업하고 특정 과정이나 훈련을 마친 뒤 관련 시험에 통과하면 평생 종사할 수 있는 자격을 주었습니다. 나머지 분야는 취업을 위한 지식을 가르쳤지요.

하지만 이것도 한계에 도달하고 있습니다. 인구는 줄어들고 있는데, 공부 잘하는 친구들이 다 비슷한 직업을 원하므로 경쟁은 더 치열해지고 있는 것입니다. 회사들이 고용을 줄이면서 취업난도 가중되고 있고, 전문직은 치열한 경쟁으로 살아남기 힘든 세상이 되어 버렸습니다. 결국 대학이 직장도 직업도 만들어 주지 못하는 이중적 어려움에 처하게 된 것이지요. 대학 등록금은 점점 비싸지는데 말입니다.

반면 4차 산업 혁명을 대비하는 기업 중 사람을 구할 수 없어서 고민하는 곳들도 있어요. 바로 스타트업들입니다. 스타트업들은 대개 재정적으로 아직 안정적이지 않고 중견 기업에 비해 한 사람이 해야 할 역할이 많다 보니, 구인에 큰 어려움을 겪고 있지요. 사람들이 대기업에 입사해 돈을 많이 벌거나, 공무원과 같은 안정적인 직장이 무조건 최고라는 식의 '좋은 직업'에 대한 고정관념에서 발생하는 문제라고 생각합니다. 하지만 곰곰이 생각해 보세요. 현재 네이버, 다음, 넥슨 같은 대기업들도 1990년 말에는 스타트업이었습니다.

저는 큰아들에게 대학 입시에 스트레스받지 말고, 젊을 때 해외 여행을 많이 다니면서 해외 친구를 많이 사귀라고 조언해 주고 있습니다. 해외 젊은이들이 좋아하는 먹거리, 의상, 신발, 스마트폰, 여가 생활 등을 잘 관찰하면, 미래에 직업들이 보이기도 하기 때문입니다. 그들이 좋아하는 것이 우리나라에서 남들이 시도하지 않은 새로운 분야면 금상첨화일 것입니다. 예전에는 대학만 가면 이런 기술들을 배울 줄 알았는데, 이제는 스스로 개발하고 학습해야 하는 시대가 온 것입니다. 지금 세상의 트렌드이지요. 그렇기 때문에 입시 위주의 사교육 시장은 당연히 붕괴될 것입니다.

### 인공 지능으로 대체 불가능한 직업

사교육 시장과 대학과 관련된 직업 외에 사라질 직업은 어떤 것들이 있을까요? 이와 관련해 흥미로운 조사를 한 적이 있습니다. 취업 포털 사이트 잡코리아와 아르바이트 포털 사이트 알바몬이 직장인 및 취업 준비생 4,147명을 대상으로 '미래에 사라질 직업 vs. 살아남을 직업'에 대해 설문 조사를 했습니다. 그 결과 직장인 및 취업 준비생들이 꼽은 미래에 사라질 것으로 생각되는 직업(복수응답) 1위는 번역가(31.0%)였습니다. 2위부터 10위까지는 캐셔/계산원(26.5%), 경리(20.0%), 공장 근로자(18.8%), 비서(11.2%), 서빙/매장 관리

(10.5%), 데이터베이스 관리자(9.7%), 약사(9.3%), 배 조종사(8.9%), 택배원/배달원(8.5%)이 각각 순서대로 차지했습니다.*

번역가, 약사, 선박 조종사, 데이터베이스 관리자, 비서 등은 현재 인기 직종이지만, 미래에는 사라질 것으로 예상되는 직업 중 하나로 꼽힌 것이지요. 저 역시 가장 빨리 사라질 가능성이 있는 직업은 바로 번역가라고 생각합니다. 앞에서 언급했듯이 인공 지능의 번역 기술이 무서운 속도로 성장하고 있거든요. 게다가 오늘날 번역에 대한 사회적 대우가 좋지 않은 것이 사실입니다. 번역은 사실상 콘텐츠를 재창조하는 일인데, 시장 가격은 형편없이 낮기만 합니다. 그러니 이 직업은 점점 인기가 줄어들 수밖에 없지요.

인공 지능은 번역뿐만 아니라 통역에도 도전하고 있습니다. 2017년 11월 구글은 동시통역이 가능한 무선 이어폰 픽셀 버드Pixel Buds를 출시했어요. 현재는 초보적인 수준이지만 이 기계도 세월이 지남에 따라 계속 발전해 나갈 것입니다. 그러면 동시통역사들의 자리도 좁아지겠지요. 이렇게 현재 존재하고 있는 직업은 인공 지능에 밀려 계속 줄어들 수밖에 없습니다.

그러면 앞으로 새롭게 만들어질 직업에는 무엇일까요? 우선 직업은 어떻게 만들어지는지 한번 생각해 볼 필요가 있습니다. 새로운 직업은 사람들의 필요성이 있고, 그것을 알아본 누군가의 노력

* 김선경, 「미래 사라질 직업 1위 '번역가' vs 생존 직업 1위 '연예인'」, 〈노컷뉴스〉, 2018년 4월 2일.

으로 만들어집니다. 한 예로, 여러 이유로 1인 가구가 늘어남에 따라 개인의 생활을 관리해 주는 콘텐츠 관련 일이 늘어나고 있지요. 스마트폰 앱만 하더라도 만보기 앱, 수면에 도움을 주는 앱, 요리 관련 정보 앱, 각종 모임을 소개해 주는 앱 등 많은 모바일 앱 개발자들이 현재 생활을 점검해 주는 여러 앱을 개발하고 있습니다. 심지어 스마트폰에서 개인의 건강을 진단해 주기도 합니다. 이런 종류의 기술은 사람들의 필요에 의해 앞으로 계속 개발될 것이며, 당연히 이와 관련된 직업 역시 늘어날 수밖에 없습니다.

그렇다고 미래를 위한 준비로 반드시 새로운 직업에만 집중할 필요는 없습니다. 4차 산업 혁명이 시작되면서 인공 지능으로는 대체 불가능한 직업이 다시 주목받을 수 있기 때문이지요.

대표적인 예가 바로 농업입니다. 식량을 만들어 내는 농업 분야는 인공 지능이나 로봇이 대체하기 힘든 분야입니다. 물론 농촌에서도 부분적으로 인공 지능을 이용한 자동화가 진행되고 있지만, 농업은 대부분 사람이 있어야 제 기능을 발휘할 수 있습니다. 또한 현재 농촌에는 인공 지능을 다룰 사람이 없습니다. 젊은 사람들이 전부 도시로 떠나다 보니, 시골은 노인들만 사는 곳이 되어 버렸지요. 한국고용정보원에서 발행한 「한국의 지방 소멸 2018」에 따르면, 향후 30년 안에 인구수가 제로가 될 가능성이 높은 기초 자치단체는 경북 의성군, 전남 고흥군, 경북 군위군, 경남 합천군, 경남 남해군입니다. 심지어 전남 지역은 광양시 한 곳만 빼고, 대부분

인구가 급격하게 줄어들고 있는 것으로 나타났습니다.*

어쩌면 지금 중·고등학생들이 농업을 선택한다면 훨씬 밝은 미래를 보장할 수 있지도 모릅니다. 왜냐하면 꼭 필요한 분야이지만, 사람들이 잘 선택하지 않는 블루오션 같은 곳이니까요. 현실이 이렇다 보니, 지방 자치 단체는 귀촌하는 젊은 사람들에게 온갖 지원책을 내놓고 있습니다.

KBS의 〈인간극장〉을 보면 청년들이 농업에 종사하면서 자신의 적성을 발견하는 사연이 종종 나오는데, 2017년에는 걸쭉한 사투리로 공부 대신 농사를 짓고 싶다는 한 중학생의 사연이 방송되어 큰 화제가 되었습니다. 이 학생은 2018년 농촌 생활을 보여 주는 프로그램의 메인 MC로 발탁되어 드론을 이용하거나 신식 허수아비를 설치하는 등 최신식 농법을 공개하기도 했지요. 많이 사람들이 비전이 없을 것이라고 생각한 농업을 선택해 자신만의 블루오션을 개척하는 데에 성공한 것입니다.

농촌과 상황이 비슷한 곳이 있습니다. 어촌입니다. 앞에서 인용한 한국고용정보원의 통계를 보면 어업의 중심지인 영덕, 울진, 고성, 양양, 강화 등은 이미 인구 소멸 단계에 진입하고 있어요. 어촌 일이라는 것이 고되고 힘들다 보니 젊은 사람들이 하기를 꺼려합니다. 이런 문제로 어업도 기술 혁신에서 배제된 채, 여전히 인간

* 장원석, 「의성 · 고흥군 30년 뒤 사라진다 … 전남 전체도 소멸 위기」, 〈중앙일보〉, 2017년 9월 6일.

의 노동력에 의존하고 있습니다.

바닷고기를 직접 잡아 본 경험이 없습니다만, 과학 기술이 발전한다면 지금보다 훨씬 더 체계적으로 각종 수산물을 잡을 수 있지 않을까 생각해 봅니다. 가령 바다에서 수산물을 잡을 시점과 어민들이 쉬어야 할 시점을 알려 주는 시스템 개발은 어떨까요? 이것이 개발된다면, 어민들의 노동량도 상당수 줄어들 것입니다. 어업에 큰 뜻을 두고 있는 청년들이 개발에 매진한다면, 가능할 것으로 보입니다.

인공 지능이 대체할 수 없는 또 다른 일로 개인 심리 컨설팅도 있습니다. 인공 지능으로 충분히 대체할 수 있지 않느냐고 반문할 수 있지만, 저는 그렇게 생각하지 않습니다. 사람은 사람에게 고민을 말하고, 공감을 받을 때 위로를 받을 수 있습니다. 과거에는 육체노동이 많아 각종 질병에 노출되었지만 미래에는 정신적으로 고통받는 사람들이 점점 늘어날 것입니다. 일례로 공황 장애를 겪는 환자 수만 보아도 알 수 있습니다. 몇 해 전까지만 해도 공황 장애는 일부 연예인들만 겪는 생소한 질병이라는 인식이 있었습니다. 그러나 공황 장애로 진료를 받은 환자 수는 2010년 5만 945명에서 2015년 10만 6,140명으로 두 배 가까이 늘어났습니다.** 과도한 책임감과 부담감, 기댈 곳 없는 벼랑 끝 심정, 혼자라는 소외감 등으

** 남지원, 「1년에 10만 명 공황 장애… 5년 새 2배」, 〈경향신문〉, 2017년 3월 19일.

로 인해 공황 장애가 발병하는 것이지요. 공황 장애뿐만 아니라 우울증, 조울증 등 정신적 질병을 가진 채 살아가는 사람들이 점차 늘고 있습니다. 이런 사람들에게는 의사 면담과 약물 처방도 필요하지만, 평소 자신의 고민을 드러내고 나누는 심리 컨설팅이 이루어진다면 마음의 위로를 받게 되고, 어느 정도 정신적 질환을 예방할 수 있지 않을까요? 그렇기 때문에 심리학을 깊게 공부해 보는 것은 밝은 미래가 있을 것으로 예상합니다.

이처럼 주위에 조금이라도 관심을 기울여야 합니다. 사람들이 관심을 기울이지 않는 곳, 남들이 도전하지 않는 분야에 먼저 뛰어들어야 새로운 기회를 잡을 수 있습니다. 또한 끊임없이 앞으로 없어질 직업과 생겨날 직업에 대해서 깊이 생각하고 고민해야 합니다. 평생 한 분야만 공부했는데, 그 직업이 없어진다면 엄청난 낭패를 경험하게 될 테니까요.

# 위기에 직면한 전문직

4차 산업 혁명이 시작되면서 기존 직업에 위기가 오고 있습니다. 아니, 그전부터 위기는 이미 왔다고 하는 것이 정확하겠네요. 기존 직업에 위기가 오게 된 원인에는 여러 가지가 있겠지만, 그중 하나는 편중된 직업 선택 때문이라고 감히 말할 수 있습니다. 과거부터 우리나라에는 '좋은 직업'에 대한 고정관념이 있었습니다. 소위 '출세했다'는 말 속에 직업에 대한 고정관념이 있음을 보여 주지요.

'출세'는 사회적으로 높은 지위에 오르거나 유명하게 되는 것을 의미합니다. 대개 판검사, 고위 공무원, 교수, 기업 임원, 의사, 연예인 등의 직업을 가지면 출세했다는 말을 하지요. 상황이 이렇다 보니, 이런 직업에 인재들이 몰려들고 있습니다. 문제는 지원자가 많아짐에 따라 점점 문호를 개방하게 되고, 그럴수록 경쟁은 치열해질 수밖에 없게 되는 것이지요. 결과적으로 이 직업들도 큰 어려움을 겪고 있는 것입니다.

대표적인 직업군이 변호사입니다. 사법 시험으로 고시낭인시험 준비를 하다 취업 시기를 놓치고 시험도 합격하지 못한 사법 시험 준비생들을 이르는 말들을 양산하더니, 로스쿨 도입으로 변호사 자체가 매우 힘든 직업이 되어 버렸습니다. 매년 로스쿨 졸업생 중 1,600명 정도가 변호사로 선발되고 있어 사건 수임 경쟁이 치열하거든요.

교수는 어떻습니까? 대학마다 정규직 교수는 뽑지 않고 비정규직 교수나 시간 강사만 잔뜩 채용하고 있습니다. 연예인은 더 심각하지요. 중학생, 아니 초등학생 때부터 아이돌의 꿈을 안고 숙소 생활을 하며 연습에 매진하지만, 같은 꿈을 꾸는 아이들이 많다 보니 스타가 되는 것은 말 그대로 하늘의 별 따기입니다.

하나같이 소위 '좋은 직업'인데, 지금은 경쟁이 치열해 지옥 같은 곳으로 변해 버린 것이지요. 더 심각한 것은 인공 지능이 겨냥하고 있는 곳이 이 '좋은 직업'이라는 것입니다. 설상가상이지요.

과거에는 엄청난 선망의 대상이었던 직업이 현재 위기를 겪고 있는 사례가 많이 있습니다. 지금부터는 우리가 안정적일 것이라 굳게 믿고 있는 이러한 전문직 직업들이 어떤 위기에 직면해 있는지, 왜 위기에 처하게 되었는지 더 자세히 알아보도록 하겠습니다.

### 생존 경쟁이 시작된 변호사

변호사가 되기를 희망하는 여러 이유가 있겠지만, 전문직이기에 평생 밥벌이는 걱정하지 않을 수 있을 것이라는 이유도 큰 비중을 차지한다고 생각합니다. 그러나 변호사라는 직업에 대한 소명 의식 없이, 그저 '좋은 직업' '안정적인 직업'이라는 이유만으로 변호사에 도전하기에는 너무나 힘든 여정이 기다리고 있습니다.

우선 변호사가 되는 것 자체가 매우 힘듭니다. 로스쿨 체제가 본격적으로 시행되면서 변호사 시장은 무한 경쟁 시대로 돌입했습니다. 로스쿨은 사법 시험 시절 합격할 때까지 취업을 하지 않고 사법 시험에만 매달리다가 나중에 합격도 하지 못하고 취업 시기까지 놓쳐 버리는, 이른바 고시낭인들을 줄인다는 목표로 도입되었습니다. 로스쿨 체제에 따라 로스쿨을 졸업한 사람에게만 시험 응시 자격이 주어지며, 졸업 후 5년 내 시험을 5회만 볼 수 있도록 했지요. 비싼 등록금을 지불해야 하는 로스쿨을 졸업하고도 법조인이 된다는 보장은 없습니다. 2018년에 실시된 제7회 변호사 시험에서 서울대학교의 경우 178명 응시해 140명이 합격했습니다. 이외에도 연세대학교, 고려대학교 로스쿨만 합격률이 간신히 70%를 넘었습니다. 반면 제주대, 원광대, 충북대, 전북대 등은 합격률이 30%대입니다. 전국 로스쿨의 평균 합격률은 매우 걱정스러운 수준입니다. 변호사 시험에 불합격하면, 다시 1년간 아무 일도 하지 못한 채 시험공부에 매달리는 것은 사법 시험 때와 마찬가지지요.

다만 기한과 응시 횟수가 정해져 있을 뿐입니다.

어렵게 변호사 시험에 합격한다고 해도 탄탄대로를 걷는 것은 아닙니다. 법률 시장에서 변호사는 이미 포화 상태이기 때문입니다. 현재는 폐지되었지만 초기 사법 시험은 합격과 동시에 신분이 달라지는 시험이었습니다. 솔직히 판검사가 되지 못한다 하더라도 변호사로 충분히 호의호식하며 살 수 있었습니다. 왜냐하면 1963년에 시작된 초기 사법 시험은 평균 60점 이상을 받아야만 하는 절대 평가 방식이었는데, 시험이 어려울 때에는 한 해 합격자 수가 다섯 명인 경우도 있었다고 합니다. 즉, 사법 시험에 합격해 변호사가 되는 인원 자체가 아주 적었기 때문에 가능했던 일이었지요.

하지만 1970년에 합격 정원제가 도입된 이후 매년 60~80명으로 합격자가 늘어났고, 제23회 사법 시험에서 300명에 이르는 합격자를 배출합니다. 그리고 제38회 사법 시험에서 500명을 선발한 이후 매년 100명씩 증원되어 제43회 사법 시험에는 약 1,000명이 선발되었습니다.* 사실 1,000명 선발 이후부터 변호사 시장이 어려워졌다는 이야기가 많았습니다.

이후 로스쿨 제도가 도입된 후에도 상황은 변하지 않습니다. 법무부는 2018년 제7회 변호사 시험에 3,240명이 응시했으며, 합격자 수가 1,599명이라고 밝혔습니다. 합격률은 49.35%로 50% 이하

* 임순현 · 고동욱, 「"아듀 사법 시험" 마지막 시험…'굿바이, 고시촌의 꿈과 한숨'」, 〈연합뉴스〉, 2017년 6월 21일.

지만 옛날 300명 뽑는 시절에 비교하면 변호사 배출이 무려 다섯 배가 넘는 수치입니다.

변호사 수가 계속해서 늘어나다 보니 개업은 물론이거니와, 취업도 힘든 실정이지요. 과거에는 변호사 자격을 취득하면 대부분 5급 대우를 받았습니다. 로펌을 가지 않고, 공공 기관에 취업을 해도 5급 사무관 대우를 받았다는 뜻이지요. 그러나 요즘은 변호사를 7급으로 채용한다는 뉴스가 나오기도 합니다. 얼마 전 국회 모 의원실에 7급 비서 채용을 진행했는데, 50여 명의 지원자 중 변호사 자격증을 가진 사람이 네다섯 명이나 되었다는 언론 보도가 있었습니다.** 또 얼마 전 국가정보원에서도 채용 공고를 통해 법조 실무 경력 5년 이상 변호사특정직 6급와 학사 학위 이상 변호사특정직 7급 경력직을 공개 채용한다고 밝혔어요. 심지어 미국·중국 변호사 자격증 복수 소지자를 우대한다고 말입니다.*** 변호사 시험에 합격하기도 하늘의 별 따기인데, 복수 자격을 우대한다고 합니다. 6~7급으로 채용하는데 말입니다.

제 주위에는 변호사들이 많이 있습니다만, 사건 수임이 잘된다고 이야기하는 사람은 거의 없습니다. 그래서 제 지인 중에서는 변호사이지만, 변호사가 아닌 다른 일을 통해 생활을 하는 분들도 있

** 한재희, 「"의원 비서관 써 달라"… 7급도 마다않는 변호사」, 〈서울신문〉, 2017년 4월 20일.

*** 홍기삼, 「국가정보원, 경력직 6·7급 변호사 공개 채용」, 〈뉴스1〉, 2017년 2월 8일.

어요. 지금도 검색 사이트에 '변호사 불황'이라고 쳐 보면 다양한 사연을 만날 수 있지요. 반면 대형 로펌에 취업할지라도 힘든 것은 매한가지입니다. 어떤 변호사는 일상적으로 담당 사건이 60~70건이 된다고 합니다. 업무 강도가 엄청나지요. 이들에게 주 40시간 노동은 다른 나라 이야기입니다. 누구는 일이 없어 힘들어하고, 다른 누구는 일이 너무 많아 괴로워하지요.

이렇듯 변호사는 이미 '신의 직업'이 아닙니다. 현실이 이러함에도, 부모들은 여전히 아이들이 변호사 되기를 원합니다. 우리 아이가 법정에 출두하는 모습을 머릿속에 떠올리며, 로스쿨을 보내기 위해 온갖 노력을 하지요. 변호사라는 직업은 여전히 매력적인 직업입니다만, 과거처럼 자격증 하나만 가지고 성공할 수 있는 직업이 아니라고 강조하고 싶습니다. 거기서도 무한 경쟁을 펼쳐야 하고, 소명감이 없으면 업무를 수행하기가 쉽지 않기 때문입니다.

더욱 문제는 인공 지능 법률 프로그램이 등장했다는 점입니다. 얼마 전 언론에서 인공 지능을 사용하고 있는 법무 법인을 소개했습니다. 그곳은 '유렉스U-LEX'라는 인공 지능 변호사를 설치했는데, 유렉스를 통해 검색하면 의뢰인의 사건과 유사한 사건에 관련된 법령 및 판결문을 2~3분 이내에 보여 준다고 합니다.* 이런 프로그램이 변호사들에게만 도움을 줄까요? 인공 지능이 발달함에

• • •

* 박현익, 「빵소니 사고 낸 뒤… 국내 최초 AI 변호사를 찾아가 봤다」, 〈조선일보〉, 2018년 4월 30일.

따라 일반인들도 이 프로그램을 쉽게 이용할 수 있게 된다면, 향후 변호사가 설 자리는 더 좁아질 가능성이 커지겠지요.

그럼에도 변호사라는 직업을 원한다면, 새로운 영역을 개척해야 합니다. 최근 공익 법무 법인도 많이 생겨나고 있습니다만, 여전히 사회적 약자들은 변호사들의 도움을 받지 못하는 경우가 있습니다. 2000년에 발생한 약촌 오거리 살인 사건을 다룬 영화 〈재심〉의 실제 주인공으로 더욱 유명해진 박준영 변호사는 억울하게 형사 처벌된 사람들을 위해 발 벗고 나서는 재심 전문 변호사입니다. 박준영 변호사가 해결한 사건으로는 약촌 오거리 살인 사건을 비롯해 삼례 나라 슈퍼 강도 사건, 수원 노숙 소녀 살인 사건 등이 있습니다. 이 사건들은 범인으로 지목된 사람들이 억울하게 누명을 썼다는 공통점을 가지고 있습니다. 하지만 누명을 쓴 피해자들이 법적 지식이 없을 뿐만 아니라 변호사 수임료도 내지 못한 처지에 있는 사회적 약자들이다 보니 제대로 된 보호도 받지 못했지요. 박준영 변호사는 이들의 안타까운 사연을 외면하지 않고 무료로 변호를 해 주었습니다. 사실 이런 형사 사건의 경우 과거 증거를 다시 분석하고, 당시 진행했던 경찰·검찰 수사 기록과 판결의 허술한 지점을 면밀히 검토해야 하기 때문에 매우 어려운 작업입니다. 박준영 변호사는 수임료도 받지 못해 파산할 지경에 이르지만, 피해자들을 위해 최선을 다하지요. 다행히 박준영 변호사의 사연이 알려지며 2016년 스토리 펀딩으로 5억 원이 넘는 후원금이 들어왔다고 합니다. 이런 것이야말로, 인공 지능이 대체할 수 없는, 인간의 노력이 필요한 분야이지요. 억울한 일을 당한 사회적 약자들에게 법률 서비스를 제공하는 것 역시 변호사들의 역할이지만 변호사들이 선뜻 뛰어들지 못하는 영역인 만큼, 무한 경쟁 속에서 살아남을 수 있는 영역이라 생각합니다.

### 더 이상 안전지대가 아닌 의사와 한의사

변호사와 함께 우리나라 대표적인 전문직에는 의사와 한의사가 있습니다. 그러나 이제는 의사, 한의사라고 해서 평생 편안하게 돈을 벌 수 있는 시대는 지났습니다.

먼저 한의사의 경우, 제가 대학에 입학할 때인 1990년대만 하더라도 의대와 입시 커트라인 점수가 거의 비슷할 만큼 한의대는 엄청난 인기를 끌었지요. 하지만 최근 많은 한의원이 상당한 어려움을 겪고 있습니다. 보통 한의원을 개원하려면 최소한 3억~5억 원이 든다고 합니다. 한의원이 많아짐에 따라 경쟁이 치열해지다 보니 최소한 6개월에서 1년은 적자를 감수해야 하는데, 이것이 결코 쉬운 일이 아니지요.* 또한 과거 한의원은 보약으로 많은 수익을 냈습니다. 그러나 요즘 주위를 보면 한의원에서 보약을 지어 먹기

* 강진구 · 윤승민, 「나는 왜 한의사를 그만두려 하나」, 〈경향신문〉, 2017년 12월 18일.

보다는, 시중에서 판매하는 홍삼 제품이나 각종 영양제를 복용하는 경우가 일반적입니다. 경영이 어려워질 수밖에 없지요.

의사도 쉽지 않습니다. 2017년 8월, '문재인 케어'라고 하는 의료 보험 개편안이 발표된 이후 정부와 의사협회가 갈등을 겪고 있습니다. 이 개편안은 미용, 성형, 건강 검진 등을 제외하고, 치료와 관계된 필수적인 비급여 항목들에 대한 건강 보험 적용, 선택 진료 폐지, 2~3인실을 비롯해 1인실까지 건강 보험 확대, 치매 의료비 국가 지원, 65세 이상 틀니와 임플란트 본인 부담률 30%로 인하 등을 담고 있지요. 언뜻 보면 좋은 내용 같은데, 의사들은 반대합니다. 그동안 병원에서 건강 보험 적용을 받지 못했던 항목들이 포함되었기 때문입니다. 쉽게 말해 병원 진료에 대해서 국가적 간섭이 많아지면서 병원의 수익이 줄어들 수밖에 없는 것이지요. 의사들은 현재 책정된 의료 수가가 너무 낮고, 2022년까지 최소 30조 원까지 국가적 비용이 발생한다는 이유로 의료 보험 개편안에 반대하고 있습니다. 병원의 수익이 줄어드니 의사들의 수익도 자연스럽게 줄어들겠지요.

이런 현실은 앞으로도 더 나아지지 않을 것 같습니다. 의사, 한의사는 계속 배출되고 자격증에는 정년이 없으니까요. 더군다나 의료 분야는 인공 지능이 전략적으로 진출 분야입니다. 2018년 5월 인공 지능 기반의 의료 기기인 '뷰노메드 본에이지'가 식품의약품안전처 허가를 받았습니다. 뷰노메드 본에이지는 성조숙

증과 저신장증 등의 검사를 위해 촬영된 수골手骨, 손뼈 엑스레이 영상을 인공 지능이 자동으로 분석하고, 의사의 판독 업무를 보조해 주는 소프트웨어를 말합니다. 이 의료 기기를 이용하면 정확도는 약 8%가 오르고 판독 시간은 최대 40%까지 감소하는 것으로 드러났습니다. 이런 유사한 인공 지능 의료 기기들이 계속해서 개발된다면, 병원에 고용되는 의사의 수는 줄어들겠지요. 향후 의사들의 일자리가 점점 줄어들 것이라고 예상할 수 있습니다.

다른 의미에서 의료계에서도 새로운 움직임이 일어나고 있습니다. 의료소비자생활협동조합병원이하 의료생협이 만들어지고 있습니다. 의료생협도 의사들과 간호사들이 일하지만, 조합원들의 질병 예방, 건강 검진 등에 집중하고 있습니다. 이들은 동네마다 의료 사각지대에 방치될 수 있는 사회적 약자의 건강에 집중하고, 공동체성을 강조하지요. 의료생협은 회원들이 매달 정기적으로 조합비를 내면서 부족한 재원을 마련하고 있습니다. 활발한 곳은 수천 명이 조합비를 내기도 한답니다. 이렇듯 의료 분야가 불황이라고 하지만, 새로운 방법으로 의료 서비스를 제공하는 움직임도 나타나고 있습니다.

### 위기가 시작된 대기업과 공기업

대기업에 취업하는 것은 많은 청년들의 꿈이기도 합니다. 대기업은 안정적이고, 급여와 복지가 좋습니다. 무엇보다 회사 브랜드가 좋으니 취업을 원하는 것이지요. 대기업만큼 공기업도 인기가 많습니다. 회사가 망할 위험이 없고, 업무가 과중하지도 않습니다. 그래서 흔히 '신의 직장'이라고 부르기도 합니다.

문제는 대기업의 경우 고용 인원이 늘지 않고 퇴직 연령이 점점 짧아지고 있다는 것입니다. 조선일보와 기업 경영 성과 분석 회사인 CEO스코어가 자산 5조 원 이상인 57개 대기업 집단 338개 계열사의 2017년 직원 수를 분석한 결과, 2016년보다 1만 8,315명 늘어난 것으로 분석되었습니다. 2016년 102만 4,848명에서 104만 3,163명으로 1.8% 증가에 그친 것이지요. 그 기간 338개 기업 전체 영업 이익은 116조 원으로 전년보다 55% 늘어났는데도 말입니다.* 쉽게 말해 영업 이익은 55% 늘었는데, 고용은 1%밖에 늘지 않은 것입니다. 이런 현상은 앞으로도 계속될 것으로 예상됩니다.

대기업이 도산하면서 40대 희망퇴직자도 생겨나고 있습니다. 이전에 비해 희망퇴직 연령이 턱없이 낮아진 것이지요. 그런데 한국 GM 군산 공장 폐쇄 결정에 따라 희망퇴직을 신청한 40대 생산직 근로자가 목숨을 끊는 안타까운 일이 벌어졌습니다. 이런 일은 이번이 처음이 아닙니다. 2009년 쌍용자동차 정리 해고 사태로 인해 많은 이들이 목숨을 끊었고, 2018년 6월에 30번째 희생자가 또 발

* 전수용 · 곽래건, 「대기업 이익 55% 늘었는데… 고용은 1% '찔끔'」, 〈조선일보〉, 2018년 4월 4일.

생했지요. 현대중공업도 2018년 4월 경영상의 이유로 2,400명의 희망퇴직을 추진한다는 발표를 했습니다. 문제는 앞으로 이런 일이 계속 발생할 수밖에 없다는 데 있습니다.

가장 심각한 상황에 부닥친 곳은 조선소입니다. 불과 몇 년 전만 하더라도 우리나라 조선소가 전 세계 최고라는 이야기를 들었는데 갑자기 불황이 닥친 것입니다. 최근 조선의 거점 도시인 거제도, 울산 등의 경제가 직격탄을 맞고 있습니다. 조선소가 잘되지 않으니 소비가 줄어들고, 사람들이 떠나니 집값도 하락합니다. 이렇듯 대기업이 평생 고용을 보장해 주는 시대도 끝났습니다.

공기업의 전망은 어떨까요? 몇몇 공기업의 경영 상태도 심각한 상태입니다. 공공 기관 경영 정보 시스템에 따르면 한국수출입은행의 부채 비율은 600%에 가까운 것으로 드러났습니다. 2007년 수출입은행 부채는 18조 7093억 원이었으나 2011년 47조 원대로 두 배 이상 불어난 것이지요. 국무총리실 산하 한국교통연구원은 부채 비율이 1830%에 이르고, 중소기업진흥공단과 한국석유공사도 각각 634%, 674%의 부채 비율을 가지고 있습니다.* 만약 이런 부채 비율이 계속된다면, 공기업도 언제 희망퇴직자를 받을지 모르는 상황이 되겠지요. 아니면 공기업 자체가 퇴출될 가능성도 있습니다.

대기업 및 공기업은 여전히 구직자에게는 매력적인 곳일 테지

* 박성의, 「공공 기관, 회사는 '빚더미' 임원은 '돈 잔치'」, 〈시사저널〉, 2018년 6월 14일.

만, 4차 산업 혁명 시대를 견딜 수 있을지 의문입니다. 이런 문제뿐만 아니라, 대기업이나 공기업은 기술 혁신 투자에 매우 인색합니다. 구글이나 애플은 기술 혁신을 통해 세계적인 판매처를 확보하고 있는 데 반해, 우리나라의 경우 기술 투자 이야기는 잘 들려오지 않습니다. 오히려 대기업이나 공기업에서 스타트업 기술을 베꼈다는 논란을 일으키며 지탄의 대상이 된 적도 있습니다. 이러한 상황에서 기업들의 미래가 과연 밝다고 볼 수 있을까요? 4차 산업 혁명 시대에 대기업과 공기업은 평생 고용의 방패막이가 될 수 없을 것으로 보입니다.

### 전 세대가 뛰어들고 있는 공무원

IMF 이후 공무원은 가장 인기 있는 직업이 되었습니다. 매해 국가직 9급 공채에만 무려 20만 명이 지원하는 것으로 알려져 있지요. 문제는 공무원 시험은 연령 제한이 없다 보니, 퇴직 후에도 공무원 시험을 준비하는 사람들이 늘어났다는 점입니다. 서울시의 경우 2015년 서울시 7급, 9급 공무원에 응시한 40, 50대가 무려 9,200명이었습니다. 물론 이 중 합격자는 190여 명에 불과하지만 말입니다.** 얼마 전 모 부처 신입 사원 강의를 다녀온 적이 있는데,

** 김준서, 「이슈클릭-중년까지 '공시생' 합류 "9급밖에는 길이 없었다"」, 〈MBC 뉴스데스크〉, 2016년 7월 10일.

수강자 중 머리가 하얀 중년의 남성 한 명이 있었습니다. 은행을 퇴사하고 공무원 시험을 준비해 합격했다고 하더군요. 이분 나이가 55세였어요. 앞으로 딱 5년 더 일할 수 있지요.

이렇듯 나이와 상관없이 응시자가 계속 늘다 보니 공무원 시험 합격은 점점 어려워지고 있습니다. 7급 공무원 시험의 경우 대부분 경쟁률이 100 대 1을 넘고 있습니다. 더 이상 우리 아이들에게 열심히 공부해서 공무원이 되라고 쉽게 말할 수 없을 것입니다. 아무리 노력해도 자신보다 한 문제 더 맞히는 응시생이 있으면 합격할 수 없으니까요. 공무원이 여전히 훌륭한 직업으로 평가받고 있지만, 그 시험에 누가 합격할 수 있을지는 아무도 예상할 수가 없습니다. 지금도 노량진에 가 보면 수많은 공무원 시험 준비생들이 3~4년씩 컵밥을 먹으면서 공무원 준비를 하고 있습니다.

공무원 시험에 연 수십만 명이 매달리는 것은 바람직한 현상일까요? 이렇게 과도하게 공무원 시험으로 몰리는 것은 사회적으로 매우 위험합니다. 특히 응시생들은 불합격 후에는 사회적으로 완전히 소외될 수밖에 없습니다. 이런 측면에서 공무원 준비가 좋은 선택인지는 잘 모르겠습니다. 미래에 대한 불안감 때문에 공무원 준비를 한다고 하는 후배들을 만날 때면, 적성에 맞는 다른 직업을 찾으라고 조언해 주곤 합니다. 애초에 공직 생활이 목표가 아니었다면, 자신에게 맞는 다른 좋은 직업들도 많기 때문입니다.

힘든 과정을 거쳐서 공무원이 된다고 하더라도 요즘 공무원 하기가 쉽지 않은 시대입니다. 밀려드는 민원과 해결해야 하는 문제들이 산더미처럼 쌓여 있어, 공직에 대한 신념을 가지고 있지 않으면 너무 힘들고 버거운 일이기 때문입니다. 매년 공무원의 자살 소식이 들려옵니다. 과도한 업무 스트레스를 이기지 못해 발생하는 일이지요. 어떤 이유에서든 청년들이 소중한 목숨을 버리는 것이 참으로 안타깝습니다.

통계청이 발표한 '2018 청소년 통계'에 따르면 우리나라 13~24세 청소년들이 가장 일하고 싶은 직장은 국가 기관 25.0%, 공기업이 18.2%, 대기업은 16.1%순이었습니다.* 청소년 중 40%가 넘는 인원이 예비 고시 수험생이라는 것이지요. 어떤 생각이 드나요? 꿈도 없이 그저 안정적인 직업만이 제일이라는 듯 이야기하는 기성세대들의 편협한 시각이 아이들에게 영향을 미친 것은 아닌지 돌아볼 때입니다.

### 좋은 직업에 대한 고정관념 버리기

우리가 가진 위험한 생각 중 하나가 좋은 직업과 힘든 직업이 따로 있다는 선입관입니다. 하지만 세상에서 말하는 좋은 직업을 가진 사람 중에도 악몽 같은 삶을 살아가고 있는 사람들이 있습니다.

● ● ●

* 「사설-청소년이 꿈 버리고 안정적 일자리만 찾는 현실」, 〈서울경제〉, 2018년 4월 26일.

예를 들어 공무원의 경우, 특정 업무는 우리가 상상하는 것보다 업무 강도가 엄청납니다. 가끔 까다로운 민원이라도 터지면, 몇 달을 해결하느라고 고생을 하지요. 변호사 역시 앞에서 언급한 것처럼 엄청난 경쟁과 스트레스를 견뎌야 하는 직업이 되어 버렸습니다. 억울한 사람을 '변호'한다는 소명 의식이 없이는 견디기가 쉽지 않습니다. 나이가 들수록 세상에서 '좋은 직업'이라고 일컫는 분야에 종사하는 사람을 많이 보게 되는데, 그분들을 보면 생각만큼 쉽고 편한 직업만은 아니라는 생각이 듭니다.

좋은 직업이란 스스로 적성에 맞고 그 일을 사랑하는 것이라고 생각합니다. 저는 시민 활동가라는 직업을 가지게 되었고, 그중에서도 기록·정보 활동가로 활동하고 있지요. 제 직업이 너무 재미있고, 자랑스럽습니다. 또한 저는 글을 쓰는 것과 말하는 것을 좋아하는 데 반해, 관료제에 익숙해야 하고 갈등 조정 능력이 뛰어나야 하는 등의 공무원이라는 직업에 필요한 능력은 부족한 편이지요. 그래서 제가 좀 더 공부를 잘해서 공무원이 되었다면, 지금 느끼는 재미와 보람을 느낄 수 있었을지 사실 의문스럽습니다.

〈내 이름은 김삼순〉이라는 드라마는 시청자들에게 많은 사랑을 받은 드라마 중 하나입니다. 주인공 김삼순의 직업이 파티시에였는데, 그전에만 해도 꽤나 낯선 직업이었지요. 그런데 신기하게도 이 드라마 열풍으로 파티시에라는 직업이 주목을 받기 시작했고, 새롭게 각광받는 직업 중 하나가 되었습니다. 셰프라는 직업 역시 마찬가지입니다. 지금은 여러 방송에 셰프들이 나오면서 이 직업이 익숙해졌지만, 제가 어릴 때만 하더라도 셰프는 생소한 단어였습니다. 오히려 주방장이라는 말로 통했지요. 학창 시절에 주방장이 꿈이라고 이야기하는 친구들은 거의 없었습니다. 그러나 지금은 셰프를 꿈꾸는 청년들을 주변에서 심심찮게 볼 수 있지요. 이렇듯 유행하는 직업은 시대에 따라 달라지기도 합니다.

그러나 직업 선택 기준이 이렇게 그저 유행에 따르거나 '좋은 직업'이라는 선입견이 되는 것은 위험하다고 생각합니다. 모든 분야가 그렇듯 자신에게 맞는 직업이 있습니다. 이것을 찾는 것이 가장 중요하지요. 특히 4차 산업 혁명 시대는 인공 지능과 경쟁해야 하는 시대입니다. 어떤 직업이 좋은 직업으로 주목받을지 알 수 없습니다. 우리 아이들이 무엇을 좋아하는지 관찰하고, 스스로 결정할 수 있도록 도와줘야 합니다. 어차피 한 가지 직업으로 평생을 살아가는 것은 불가능합니다. 30세에 취업을 한다고 했을 때 평균 수명에 따라 약 60년 정도를 직업인으로 살아가야 하는데, 한 가지 직업으로는 힘들지요. 그러니 부모가 먼저 좋은 직업에 대한 고정관념을 버려야 합니다. 그러면 아이들은 좀 더 넓은 안목을 가지고 자신의 미래를 결정할 수 있게 될 것입니다.

# 직업을 창조하는 시대가 오고 있다

왜 기존에 잘나가던 전문직들의 사정이 이렇게 어려워졌을까요? 이유를 한 단어로 표현하자면 저는 '레드오션'이라고 말하고 싶습니다. 레드오션을 사전에서 찾아보면 '이미 잘 알려져 있어서 경쟁이 매우 치열하여 붉은red 피를 흘려야 하는 경쟁 시장'이라고 정의하고 있습니다.* 좋은 직업이라고 알려지면 대학교에서 학과를 만들고, 적성과 관계없이 누구나 몰려듭니다. 학생의 수가 많아지니 대학은 정원을 확대하고, 학생들은 더 몰려들게 되지요. 이러한 과정이 반복되면서 좋은 직업들은 레드오션이 되어 버리는 것입니다. 그 결과 다 같이 지옥을 경험하게 되는 것이지요.

만약 개인이 새로운 직업을 만들면 어떨까요? 만약 이것이 가능

● ● ●

* 〈매일경제 경제용어사전〉, 매일경제 홈페이지.

하다면 레드오션이 아니라 블루오션이 될 것입니다. 저도 직업을 창조했습니다. 우리나라에서 처음으로 기록·정보 활동가로 활동했지요. 이후 '투명사회를 위한 정보공개센터' '바꿈, 세상을 바꾸는 꿈이하 바꿈' '알권리연구소' 창업에도 참여했습니다. 참신한 아이디어와 창업이 만난다면, 이는 곧 새로운 직업이 생긴다는 걸 의미하는 것이지요.

주위를 둘러보면 스스로 직업을 만들어 가는 사람들이 늘어나고 있음을 느낍니다. 그러나 청년들 중에는 멋진 아이템을 가지고 야심차게 사업에 뛰어들지만, 곧 온갖 규제에 시달리며 자신에게 처한 상황을 어떻게 헤쳐 나가야 하는지 모르는 친구들도 많습니다. 각 사업에는 당연히 여러 가지 규제가 포함됩니다. 예를 들어 먹는 장사를 하면 식품위생법, 전자 제품을 판매하려면 전기용품 및 생활용품 안전관리법이하 전안법을 공부해야 하지만, 많은 청년들이 이 사실을 모릅니다. 알더라도 20~30대 나이에 복잡한 법안을 공부하는 데에 드는 비용과 시간이 여의치 않기 때문에, 제대로 이해하면서 사업을 시작하는 것은 꽤 어렵지요.

이러한 현실로 발목을 잡혀 자신의 꿈을 제대로 펼치지 못하는 청년들이 있을 수 있다는 사실이 너무나 안타까웠습니다. 그래서 2016년에 제가 이사로 참여하고 있는 '바꿈'과 '민주사회를 위한 변호사 모임이하 민변'에 스타트업을 꿈꾸는 청년들에게 무료로 법률 상담을 지원하자는 제안을 했습니다. 바꿈과 민변에서는 제 뜻을 받아들여 2016년 12월 7일 '스타트업법률지원단이하 스법단'을 창립하게 됩니다. 스법단 덕분에 창업을 준비 중인 많은 청년을 만나게 되었습니다. 세상을 좀 더 편하고, 아름답게 만들기 위해 다양한 아이템을 가지고 창업하는 청년들을 보면서 감동도 많이 받았습니다. 게다가 공공 기관에 그렇게 많은 스타트업을 지원하는 부서가 있는지 몰랐습니다. 관심을 가지고 보니까 우리 청년들은 스타트업뿐만 아니라 시민 단체, 유니온, 농촌 기업, 팟캐스트 강의 등 다양한 형태로 창업을 하고 있었습니다.

이때 만난 청년들의 사례들을 보면서 큰 희망을 발견했습니다. 좋은 대학, 좋은 집안 출신이 아니더라도 멋진 아이디어만으로 새로운 직업을 만들 수 있다는 것이 얼마나 매력적입니까? 스마트폰 보급으로 이제는 공장을 세우지 않아도 기업을 만들 수가 있습니다. 각종 유통은 스마트폰을 통해서 할 수 있으니까요.

제 주위에는 스타트업에 투자와 경영을 돕는 직업을 가진 사람도 있고, 산골에서 살다가 심리 컨설팅 업체를 만든 후배도 있습니다. 청년들의 노동 조건을 개선하기 위해 유니온을 만든 후배들도 있지요. 이 사람들을 보면서 수동적으로 취업을 준비하는 것이 아니라 일자리를 만드는 것이 얼마나 중요한지 깨닫게 되었어요. 어쩌면 이러한 사람들이 4차 산업 혁명 시대를 이끌어 갈 수 있는 진정한 인재가 아닐까요?

직업을 창조하는 사람들에게는 뚜렷한 특징이 몇 가지 있습니다. 우선 자신이 무엇을 좋아하는지 분명히 알고 있습니다. 자신감이 넘치고, 옆에서 누가 어떠한 이야기를 해도 흔들리지 않습니다. '그렇게 살다가 취업 못 한다.' '그게 되겠니?' '먹고 살 수 있겠니?' 이런 말을 들어도 묵묵히 자신의 꿈을 향해 걸어갑니다. 이런 사람들을 두고 우리는 '자존감'이 높다고 합니다. 나를 누군가와 비교하는 것이 아니라 나의 '존재감'에 큰 자부심을 느끼고, 감사하며 살아가는 것이지요. 자존감이 높은 것은 급변하는 이 시대에 매우 중요합니다.

다음으로, 이들은 세상에 필요한 일을 본능적으로 압니다. 대개 '공감 능력'이 매우 뛰어난 사람들이 그렇지요. 공감 능력이 뛰어난 사람들은, 영어 때문에 스트레스를 받는 사람들, 30분 내 배달 완료 시스템 때문에 다치는 아르바이트 노동자들, 도시에서 정신적·심리적 고통을 당하는 사람들 등을 보면서 같이 아파하고 이들에게 진정으로 필요한 것이 무엇인지 진지하게 고민합니다. 그리고 자신이 보고 경험하고 느낀 문제점들을 직접 해결하고자 합니다. 이러한 과정에서 자연스럽게 새로운 직업이 만들어지기도 하지요.

결론적으로 자존감과 공감 능력이 뛰어난 사람들은 자신이 좋아하는 일을 하면서 만족하는 삶을 살아갈 가능성이 높습니다. 자신의 꿈을 스스로 선택하기 때문입니다. 부모님의 권유, 수능 점수, 대학 전공 등 수동적인 이유로 직업을 선택하는 사람들보다 행복

할 가능성이 많습니다. 또한 공감 능력이 높다 보니 다른 사람들에게 많은 사랑을 받습니다. 공감 능력이 뛰어난 회사 대표는 직원들의 고충을 알아줍니다. 반면 공감 능력을 상실한 대표는 직원들에게 함부로 대하지요. 두 대표 중 어떤 사람이 직원들에게 존경을 받을지 생각해 보면 쉽게 이해가 될 것입니다.

정리하자면, 4차 산업 혁명 시대에 자존감과 공감 능력이 높은 사람들이 큰 성공을 거둘 것으로 생각합니다. 그리고 그 성공은 금전적 보상, 사회적 만족, 개인의 행복 등 다양한 방법으로 올 것이라고 확신합니다.

## 4차 산업형 인재들

4차 산업형 인재는 어떤 사람들일까요? 위에서도 언급했듯이 자존감과 공감 능력이 뛰어난 사람입니다. 혹시 여러분들의 자녀가 공부도 못하고, 게임만 하더라도 자존감과 공감 능력이 뛰어나다면 걱정할 필요가 없습니다. 언젠가는 꽃망울을 활짝 피울 테니까요.

더 구체적으로 들어가 볼까요. 4차 산업형 인재에게는 중요한 특성이 있습니다. 먼저 본인이 하고 싶은 것을 추진하는 능력이지요. 일단 시작하고 보는 것입니다. 어찌 보면 무척 무모해 보일 수 있지만, 이것은 굉장한 능력입니다. 자기 자신을 믿는 사람만이 발휘할 수 있는 능력이니까요. 보통 사람은 점심 메뉴를 선택하는 것도 힘들어합니다. 아침에 일어나면 청바지와 면바지 중 무엇을 입을지 고민하고, 약속 시간에 늦을 것 같을 때 지하철을 탈 것인지 버스를 탈 것인지를 두고 고민하기도 하지요. 이렇듯 인생은 매번 무언가를 선택하고 결정해야 합니다. 하지만 선택과 결정은 결코 쉽지 않습니다. 그러므로 무언가를 망설임 없이 결정하고 추진할 수 있다는 것은 자기 확신이 있기 때문에 가능한 것이지요. 심지어 자신의 인생을 송두리째 걸고 도전할 수 있다는 것은 보통 강심장이 아니고서는 불가능합니다. 평생 회사만 다니다가 은퇴한 사람들은 자기 사업을 선뜻 도전하지 못합니다. 회사라는 안락한 공간에서 맡은 일만 하다가, 모든 것을 자신이 결정해야 하는 '경영'은 쉬운 선택이 아니니까요.

그런데 중국이나 미국의 젊은이들은 스타트업에 도전하는 것을 당연하게 생각하고 있습니다. 미국 드라마 〈실리콘 밸리〉를 알고 있나요? 프로그래머인 리처드가 동종 업계의 친구들과 함께 벤처기업을 창업해 엄청난 가치를 지닌 프로그램을 개발하면서 일어나는 일들을 재미있게 그린 드라마입니다. 〈실리콘 밸리〉는 스타트업을 운영하면서 경험할 수 있는 모든 상황을 보여 줍니다. 외부 투자는 어떻게 받는지, 아이템은 어떻게 발표하는지, 투자자와의 갈등은 어떻게 해결하는지 등을 상세하고 사실적으로 묘사하고 있습니다. 이 드라마가 인기 있는 것은 미국의 청년들에게는 스타트업을 만드는 것이 일상화되어 있기 때문이라고 생각합니다. 모든 상황을 공감하면서 볼 수 있으니, 시즌을 계속해 방영될 수 있었던 것이겠지요.

중국은 어떨까요? 중국은 사회주의 국가이지만 전 세계에서 창업 선진국으로 통합니다. 2015년 한국무역협회 국제무역연구원에서 발간한 '한 · 중 · 일 청년창업, 중국 열풍, 일본 미풍, 한국은……'이라는 보고서에 따르면, 한국 179명, 중국 169명, 일본 186명, 총 534명의 삼국의 대학(생)을 대상으로 온라인 설문 조사를 실시해 분석한 결과, 졸업 후 창업을 희망하는 학생의 비중은 중국이 40.8%인 것에 반해 한국은 6.1%밖에 되지 않았습니다.* 쉽게 말해 사회주의 국가보다 우리나라의 청년들이 창업에 훨씬 더 소극적이라는 이야기입니다. 충격적이지요?

이뿐만 아니라 중국 베이징대는 2016년 12월 '전 세계 대학생 창업 중심'이란 창업 센터를 오픈하기도 했습니다. 이 센터에는 강의실, 청년 교류 공간, 창업 연구실, 청년 창업 연구 결과물 전시관 및 각종 실험실 등 청년 창업자들을 위한 모든 시설이 갖춰 있지요.** 우리나라 대학들도 이런 공간을 만들고 있기는 하지만, 대단히 형식적인 경우가 대부분입니다.

우리나라는 대학 졸업 후 취업이라는 공식에 빠져 있습니다. 각

* 노용택, 「비즈카페-청년창업, 중국은 열풍… 한국은 '삭풍'」, 〈국민일보〉, 2015년 12월 2일.

** 제이린, 「베이징대학, 스탠퍼드에 도전하다」, 〈더퍼스트〉, 2018년 2월 5일.

종 드라마에서도 취업하지 못하는 사람들을 인생 폐인처럼 묘사하고 있지요. 과연 교과서적인 취업이 우리 청년들의 미래일까요? 저는 그렇게 생각하지 않습니다. 물론 취업을 해서 회사 시스템을 배우는 것은 나쁘지 않습니다. 다만 취업이 인생의 모든 것이 아니라는 것이지요. 자신과 아이들의 인생을 취업이라는 굴레에 빠뜨리지 않았으면 좋겠습니다. 취업을 하지 않고도 행복하게 살아가는 사람들이 많이 있습니다. 지금부터 취업이 아닌, 자신의 '브랜드'를 가지고 비즈니스를 하는 4차 산업형 인재들을 소개하고자 합니다.

### 3D 프린터 조립의 선구자, 김민규 대표

2016년 9월, 언론에서 우연히 아래 기사를 읽은 적이 있습니다.

> 3D 프린터 스타트업 삼디몰은 최근 산업통상자원부 산하 기관 한국제품안전협회로부터 전기용품 안전관리법 위반으로 형사 고발을 당했다. 산업부는 "안전확인신고를 하지 않고 불법으로 전기용품을 제조했다."며 "관련 법 위반으로 3년 이하 징역이나 300만 원 이하 벌금을 물 수 있다."고 밝혔다.***

*** 오찬종, 「3D 프린터 스타트업의 눈물」, 〈매일경제〉, 2016년 9월 6일.

당시 스법단을 창립할 계획을 하고 있어서 이 언론 보도에 눈길이 갔나 봅니다. 시범적으로 스법단에서 도울 수 있다는 생각이 들었던 것이지요. 삼디몰 업체 대표는 20대의 김민규 씨였고, 페이스북을 통해 떨리는 마음으로 법률적으로 도움을 주고 싶다는 쪽지를 보냈습니다.

이렇게 김민규 대표와 운명적으로 만났습니다. 김민규 대표는 3D 프린터 부품을 판매하는 전문 인터넷 쇼핑몰 '삼디몰'을 열어 2015년 상명대학교 창업경진대회에서 대상을 받은 적도 있습니다. 또 창업진흥원이 주최한 대한민국 창업리그 전국 예선에서도 상을 받았던 청년 사업가였지요. 어릴 때부터 취업이 아니라 창업을 체계적으로 준비했던 청년이었습니다.

김민규 대표는 고등학교 때부터 조립형 3D 프린터에 관심을 가졌다고 해요. 조립형 3D 프린터는 가격 면에서 완제품보다 상당히 저렴하다고 합니다. 또한 부품만 구입하면 구매자들이 자신이 구상하는 3D 프린터를 직접 만들 수 있다는 장점이 있지요. 김민규 대표는 여러 장점들을 살려 창업을 했고, 많은 구매자들에게 환영을 받았습니다. 그런데 우리 정부는 3D 프린터 조립품을 팔아서 구매자가 조립했다면 전안법 위반이라는 유권 해석을 내립니다. 결국 김민규 대표는 한국제품안전협회로부터 안전성 신고를 하지 않았다며 전안법 위반으로 형사 고발을 당했고, 검찰로부터 300만 원의 약식 기소 처분을 받게 됩니다.

3D 프린터를 완제품으로 판매할 경우 안전성 신고를 의무적으로 해야 하지만, 판매자가 부품만 팔고 소비자가 이를 조립하는 경우에는 사실상 명확한 법 규정이 없었습니다. 그런데 한국제품안전협회는 이 경우에도 안전성 신고를 해야 한다고 유권 해석을 내려 고발을 한 것이지요. 똑같은 논리대로라면 조립 PC 같은 경우에도 안전성 신고를 해야 하는데, 조립 PC는 안전성 신고를 하지 않아도 된다고 합니다.* 재밌지 않습니까? 조립 PC가 3D 프린터보다 더욱 안전하다는 근거도 없는데 말입니다.

처음 김민규 대표를 만나던 날이 생생합니다. 스법단은 약식 기소에 대해서 정식 재판을 청구하자고 제안했습니다. 물론 모든 재판은 무료로 지원을 해 주기로 했습니다. 아무리 무료라고 하더라도 기업을 운영하는 사람이 정부의 방침에 반발해 재판을 청구하는 것은 쉬운 결정이 아닙니다. 그러나 김민규 대표는 흔쾌히 동의했고, 결국 2017년 8월 25일 재판부는 프린터와 3D 프린터를 별개의 기기로 봐야 한다면서 "현행법상으론 처벌할 수 없다."며 김 대표에게 무죄를 선고했습니다. 판결문에서 재판부는 조립 여부와 무관하게 "3D 프린터를 '프린터와 유사한 기기'로 해석하는 것은 피고인에게 불리한 방향으로 확장 해석한 결과로 죄형 법정주의 원칙에 어긋나는 것"이라고 판시했지요. 이 판결은 2017년 12월

* 전진한, 「세상읽기-청년 창업의 방해꾼들」, 〈경향신문〉, 2016년 9월 21일.

대법원에서 확정되었습니다.

그 이후 삼디몰은 입소문을 타면서 연 매출 15억 원에 달하는 중견 업체가 되었습니다. 김민규 대표가 처음 창업했을 때에는 3년만 버티라는 주위의 조언이 있었고, 직원 네 명이 1만 원으로 하루 밥값을 충당한 적도 있다고 합니다. 2년 동안 집이 없어서 회사에서 숙식을 하고, 찜질방에서 씻는 것을 해결했다고 해요. 저는 이런 김민규 대표를 보면서 4차 산업형 사람이라고 직감했습니다. 이런 의지와 추진력을 유지한다면 향후 더욱 큰 성공을 거둘 수 있다고 판단합니다.

생각해 보세요. 별 투자금도 없이 창업하고, 온갖 고생을 하다가 이제 조금 먹고살 만하니까 정부로부터 고발을 당합니다. 김민규 대표는 창업 이후 사업 때문에 정부로부터 세 번이나 고발을 당했습니다. 대부분 선뜻 납득하기 어려운 규제 때문이었지요. 이유가 어찌 되었든 검찰청에 몇 번씩 다니다 보면 바로 포기하고 싶은 생각이 들지 않겠습니까? 그런데도 김민규 대표는 끝까지 자신의 신념을 포기하지 않고 사업을 밀어붙입니다.

여러분도 자녀를 이런 뚝심 있는 인재로 키우고 싶지 않습니까? 이런 청년들은 중 · 고등학교 때 공부를 잘한다고, 좋은 대학을 간다고 만들어지지 않습니다. 자존감으로 무장하고, 자신이 흥미 있는 일을 해야 하며 그것을 밀어붙이는 힘을 가지고 있어야 합니다. 그러니 절대로 아이들에게 공부 못한다고 야단치거나 아이들을 무시하지 마세요. 자존감만 살아 있다면 언젠가는 자신의 일을 찾을 수 있습니다.

### 영어 무료 강의 시대를 개척한 서장혁 대표

우리나라 사람들의 가장 큰 스트레스는 아마도 영어가 아닐까 싶습니다. 학생 때는 수능 점수 때문에, 졸업 후에는 취업을 위한 토익·토플 때문에, 취업한 후에도 실무, 승진, 이직 등의 이유로 계속해서 영어 공부를 할 수밖에 없는 상황에 놓여 있습니다. 그저 영어가 좋아 공부하는 사람이라고 할지라도 노력한 만큼 실력이 늘지 않으면 스트레스를 받을 것입니다. 어릴 때부터 영어 공부를 해 왔는데, 왜 미국 드라마를 볼 때 한 마디도 들리지 않을까요? 외국인이 말을 걸면 왜 땀부터 날까요? 답답할 노릇입니다.

저 역시 몇 년 전까지만 해도 영어 때문에 많은 스트레스를 받았습니다. 영어 공부를 하려고 해도 강의를 듣는 시간과 값비싼 수강료가 고스란히 부담으로 다가왔습니다. 그러던 중 팟캐스트에서 우연히 충격적인 방송을 접했습니다. 바로 '일빵빵 영어 회화' 시리즈입니다. 이 방송은 놀랍기만 합니다. 우선 수백 편의 강의가 무료입니다. 강의를 내려받아 시간과 장소에 구애받지 않고 공부를 할 수 있지요. 산책하거나 집안일을 할 때 귀로만 듣고 있어도 공부가 됩니다.

일빵빵 영어 회화를 제작한 사람은 서장혁 대표입니다. 서장혁 대표는 '제1회 EBS 영어 말하기 대회' 심사에 참여했다가 한국인들이 생각하는 영어와 미국인들이 사용하는 영어 표현 사이에 큰 차이가 있다는 것을 느꼈다고 해요. 그래서 쉬운 단어만으로도 얼마든지 영어 회화가 가능하다는 것을 알리기 위해, 비싼 수업료가 없어도 누구나 쉽게 현지 영어 회화를 배우고 올바른 문장 표현법에 대한 명쾌한 해답을 얻도록 하기 위해 일빵빵 영어 회화 강의를 시작했다고 합니다.

무료라서 강의의 질이 떨어질 것이라고 생각될 수도 있지만, 개인적으로 최고 수준의 강의라고 생각합니다. 저는 2년 가까이 이 강의를 들으면서 반복되는 말하기, 듣기 연습을 했습니다. 미국 드라마 속 인물의 대사가 조금씩 들릴 때의 희열은 일빵빵 시리즈를 들어 본 사람만이 느낄 수 있습니다. 지금도 제 영어 실력은 초보 수준입니다만, 서장혁 대표에게 깊은 감사의 마음을 가지고 있습니다. 무엇보다 영어에 도전할 수 있다는 자신감을 주었으니까요.

서장혁 대표 역시 일빵빵 영어 회화 강의라는 새로운 도전을 시작할 때 큰 결단이 필요했을 것입니다. 주변에서 "무료 강의라니, 그러면 남는 것이 없잖아. 시간과 돈만 버린다." "무료라고 대충 만들면 사람들한테 고마움은커녕 욕먹는다."와 같은 우려 섞인 조언 아닌 조언을 많이 듣지 않았을까요? 그럼에도 무료 강의 콘텐츠를 개발해 배포할 수 있었던 것은 서장혁 대표가 가진 공감 능력과 추진력 때문이라고 생각합니다.

알다시피 혼자 영어 공부를 하는 것은 보통 힘든 일이 아닙니다. 인터넷 강의를 결제한 후 영상을 보며 공부하거나, 학원을 등록한 후 원어민 선생님을 만나 부끄러움을 감수하면서 더듬더듬 영어를 해야 하지요. 수강료도 결코 저렴하지 않습니다. 그러나 영어 공부가 힘들다고 포기하기에는 우리 사회에서 영어 능력을 요구하는 곳이 너무 많지요. 서장혁 대표는 기초 회화 문장만으로도 쉽게 영어를 구사할 수 있다는 사실을 모른 채, 단어와 문법에만 매달리며 입으로는 한마디 뱉지도 못하고 스트레스받는 사람들의 마음을 이해했을 것입니다. 이것이 바로 공감 능력이지요. 그리고 공감하는 것에서 그치지 않고, 그들을 위해 유학이나 학원을 가는 등 비싼 돈을 들일 필요 없이 현지 영어를 쉽고 재미있게 배울 수 있는 콘텐츠를 만들어 무료로 재능 기부를 하는 추진력까지 발휘합니다.

일빵빵 영어 회화 시리즈는 입소문을 타면서, 수천만의 다운로드 수를 기록했습니다. 온라인 서점 YES24에서 대한민국 어학 학습 분야의 인기 강사를 가리기 위해 '대한민국 대표 저자 강사전'이라는 투표를 진행한 적이 있는데, 서장혁 대표가 1,855표(전체 14.4%)를 받으면서 1위로 선발되기도 했습니다.* 이 강의가 얼마나 인기가 있는지 팬클럽까지 생겼다고 하네요.

* 「대한민국 대표 저자 강사 네티즌 투표 결과 1위는? 서장혁」, 〈한국경제〉, 2016년 1월 12일.

그렇다면 서장혁 대표는 어떻게 수익을 창출할까요? 강의 내용을 정리한 교재를 판매해 수익을 냅니다. 사실 교재가 없어도 공부하는 데에는 아무런 지장이 없습니다. 그런데 놀랍게도 수많은 청취자가 자발적으로 교재를 구입해 주었어요. 지금도 대형 서점에 가 보면 일빵빵 시리즈를 따로 진열하고 있습니다. 덕분에 토마토 출판사라는 자체 출판사도 만들게 되었지요.

꼭 로봇과 인공 지능, 무인 자동차라는 큰 이미지만 4차 산업 혁명이 아닙니다. 스마트폰이라는 작은 공간에 각종 지식이 모여서 다시 펴져 나가는 것, 이것이 바로 4차 산업 혁명이라고 규정하고 싶습니다. 지금도 영어 때문에 고민하고 있다면 바로 팟캐스트에서 이 강의를 내려받아 영어 공부를 즐겨 보기 바랍니다. 신세계가 열릴 것입니다.

### 스타트업의 성장 동반자, 양경준 대표

앞서 우리나라에는 직업이 1만 2,000여 개쯤 있다고 이야기했습니다. 이 중에는 일반인들이 인생에서 단 한 번도 들어 보지 못한 직업도 많이 있습니다. 혹시 '스타트업 액셀러레이터'라는 직업을 아나요? 바로 스타트업에 초기 투자, 사무실, 컨설팅 서비스를 제공하기도 하고 마케팅, 전략 등 각 분야의 전문 멘토와 연결해 주는 전문가를 의미합니다. 쉽게 말해 스타트업이 성장할 때까지 책임지고 도와주는 파트너와 같은 역할을 하는 것입니다. 예를 들어 앞에서 언급한 김민규 대표처럼 조립형 3D 프린터 스타트업이 성공 가능성이 있다고 생각이 들면, 스타트업에 투자도 해 주고, 성장할 때까지 함께 경영하는 것이지요.

어느 날 저는 언론에서 재밌는 기사를 발견했습니다.

> 16년간 100여 개 회사에 투자 업무를 진행해 온 투자 회사 CEO가 투자한 기업 3개사가 망하자 자신을 믿고 같이 투자해 준 개인, 엔젤투자자, 일반 기업의 투자 손실 100억여 원을 도의적 책임만으로 되갚아 준 것으로 밝혀져 화제다. 주인공은 믿기 어려운 투자 관행을 유지하고 있는 케이파트너스앤글로벌 양경준(44) 대표다.
>
> 양경준 대표는 16년간 스타트업을 인큐베이팅하고 초기 투자는 물론 유망 기업에 대한 대규모 투자 연결 업무를 해 오면서도 100여 개 업체 모두 성장 중이거나 상장에 성공하는 등 투자 승률 90%가 넘는 전문 액셀러레이터다. 그런 그가 10년간 부도 처리된 3개사에 자신을 믿고 투자해 준 지인과 엔젤투자자, 일반 기업 등의 투자 손실을 개인 돈 100억여 원으로 되갚아 준 것으로 밝혀지자 양 대표의 투자 철학과 법적 책임이 없는 100억여 원대 투자금을 책임진 것에 대한 찬사가 쏟아지고 있다.*

* 김광일, 「피치원뷰-케이파트너스 양경준 대표가 10년여 간 투자자 손실 100억여 원을 갚아 준 사연」, 〈피치원〉, 2016년 5월 29일.

이 기사의 주인공인 양경준 (주)크립톤(구 케이파트너스앤글로벌) 대표는 제가 서울에 처음 올라왔을 때 다녔던 교회에서 만난 형으로 저랑 잘 알던 사이였습니다. 당시 제게 항상 따뜻하게 대해 주던 기억이 났습니다. 나이 차이는 별로 나지 않지만, 참 어른스럽고 대단해 보였습니다. 그때도 대단했는데, 10년 만에 더 큰사람이 되어 있었습니다. 그때 저는 스법단을 구상 중이었기 때문에 반가운 마음에 바로 연락을 했습니다.

양경준 대표는 만나 보니 기사보다 더 멋있는 사람이었습니다. 거의 20년째 스타트업 액셀러레이터로 활동하며 국내뿐만 아니라 전 세계를 다니며 스타트업을 만나러 다니고 있다고 했습니다. 페이스북에 '스타트업, 식사는 하셨습니까?' 페이지를 운영하면서 처음 스타트업을 시작하는 청년들과 성공한 기업 대표들을 만나게 해 주는 일도 하고 있었습니다. 이 모임은 매주 금요일마다 스타트업을 시작하는 청년들에게 스타트업으로 성공한 사람들이 밥을 사 주는 모임입니다. 고기든, 회든 스타트업 청년들이 그만 먹겠다고 할 때까지 사 주어야 한다는 원칙이 있다고 하더군요. 이 모임의 회원은 무려 9,800명입니다. 양경준 대표는 "일제 강점기 시대는 독립운동이 꼭 필요했지만 지금은 스타트업 부흥이 우리나라를 위한 일이라고 생각한다."라는 말을 자주 합니다. 참 멋진 말이지 않습니까? 저희가 창립한 스법단도 양경준 대표의 도움이 컸습니다. 양경준 대표의 후원금 1000만 원으로 스법단을 시작할 수 있었고,

지금도 스법단이 어떤 스타트업을 도와야 하는지 많은 조언을 해 주고 있습니다.

양경준 대표는 공감 능력이 뛰어난 사람입니다. 평소 남의 이야기를 잘 들어 주는 것으로 유명하지요. 그런 능력을 스타트업을 키우는 데 잘 활용하고 있습니다. 얼마 전에는 〈세상을 바꾸는 시간, 15분〉이라는 프로그램에 출연해 '성공 그래프가 곡선인 이유'에 대해서 강의를 하기도 했습니다. 이 강의에서 양경준 대표는 스타트업은 창업과 동시에 죽음의 계곡Death Valley을 경험한다고 합니다. 이 구간에서는 매출이 발생하지 않고, 자본금은 바닥나며 공동창업자들과도 마찰이 생기는 특징을 보인다고 합니다. 이 강의에서 양경준 대표는 자신의 창업 경험을 바탕으로 어떻게 죽음의 계곡을 넘어갈 수 있는지 이야기합니다. 스타트업을 생각하고 있다면 유튜브에서 양경준 대표의 이 강의를 검색해 한번 들어 보기 바랍니다.

양경준 대표를 보면서 공감 능력이 4차 산업 혁명 시대에 얼마나 중요한 지표가 되는지 또 한 번 깨달았습니다. 개인마다 필요한 부분을 채워 주고 나아갈 방향을 제시해 주는 것은 아무나 할 수 없는 것입니다. 게다가 스타트업을 함께 키우며, 그 성과를 나눠 갖는 것은 생각만 하더라도 참 멋지지요. 앞으로 우리나라에 양경준 대표와 같은 독립투사들이 많이 나타났으면 좋겠습니다.

### 산골 유학에서 심리 사업가로 도전, 홍성희 대표

가끔 어떤 사람의 인생 행보를 보면 놀랄 때가 많이 있습니다. 지금 소개하는 홍성희 대표가 그렇습니다. 홍성희 대표는 저와 함께 참여연대 간사로 일하면서 인연을 맺었습니다. 참여연대에서 함께 활동할 때에는 항상 밝고, 일 잘하는 간사 정도로만 알고 있었습니다. 그러던 중 홍성희 대표가 참여연대를 사직하고 춘천으로 이사 가더니, 산골 유학생을 받아 함께 살아가는 일을 시작했습니다. 도시에 적응하기 힘들어하는 아이 네 명을 받아서 등하교를 시키고 밥을 챙겨 주는 등 24시간 돌봐 주는 일이었지요.

예전에 제가 소장으로 있던 단체에서 다 함께 홍성희 대표 집으로 MT를 간 적이 있습니다. 그때 홍성희 대표의 일상을 살짝 들여다보았는데, 아침 일찍 아이들을 깨우고 아침 식사도 준비하고, 학교를 보내는 일을 자연스럽게 해내는 것을 보고 많이 놀랐습니다. 홍성희 대표는 아이가 없습니다. 그런데 한두 명도 아닌 네 명의 아이와 무탈하게 살아간다는 것은 결코 쉬운 일이 아닙니다. 1~2년 한 것도 아니고 10년이나 말이지요. 초등학교 때 입주한 아이들을 성인이 될 때까지 키워 낸 것입니다. 동네 주민들과도 잘 지내면서 말입니다. 대단하지 않습니까?

그런데 2018년, 홍성희 대표는 춘천 생활을 정리하고 다른 도전에 나섭니다. 틈틈이 한신대학교에서 심리학 공부를 한 경력을 살려서 서울에 정신 분석센터 '판도'를 개소한 것이지요. 판도는 '정신을 다루는 안전한 공간'이라는 목표하에 유명 심리 컨설턴트와 상담자를 소개해 주는 회사입니다. 보통 처음 사업을 한다고 하면 작게 시작하지 않습니까? 그런데 홍성희 대표는 서울 시내 중심에 무려 100평이 넘는 사무실을 임대합니다. 심리 상담실이 8개나 있고, 임대료는 월 1000만 원이 넘습니다. 이런 이야기만 들으면 돈이 많은 사람인 것 같지요? 전혀 그렇지 않습니다. 지인들을 설득해 수십 명의 지인의 투자를 받아 사업 자금을 마련했다고 합니다. 홍성희 대표를 만나는 자리에서 이 이야기를 듣고 한동안 입을 다물지 못했습니다.

홍성희 대표에게도 4차 산업 혁명 시대에 필요한 특성을 발견했습니다. 우선 놀랍도록 추진력이 강하다는 것입니다. 홍성희 대표는 필요하다고 생각하면 바로 추진해 버립니다. 세상은 이런 사람을 두고 무모하다고 하지요. 그러나 저는 생각이 다릅니다. 제 주위에 인생을 성공적으로 살아가는 사람들은 대부분 무모할 정도로 추진력을 가지고 있어요. 세상에 꼭 필요하다는 확신이 서면 주저하거나 망설이지 않지요. 빌 게이츠, 스티브 잡스, 마크 저커버그도 처음에는 다 무모했습니다. 주변의 우려와 비판을 넘어서는 사람에게는 성공이란 열매가 따라오는 것입니다.

두 번째 특성은 지인들과 쌓은 두터운 신의입니다. 사실 주변 사람에게 선뜻 투자를 하는 것은 그 누구도 쉽지 않습니다. 그런데 홍성희 대표는 지인 수십 명에게 자신의 뜻을 제대로 전달하고 설득해 사업 자금을 투자받았지요. 이것은 상호 간에 엄청난 신뢰가 없이는 불가능한 일입니다. 산골 유학 역시 마찬가지입니다. 부모 입장에서 홍성희 대표에 대한 신뢰가 없었다면 자녀를 맡길 수 있었을까요? 그것도 1~2년이 아니라 10년 가까이 함께 생활한 것은 엄청난 신뢰가 바탕이 되었을 때 가능한 일이지요. 어쩌면 우리에게 가장 큰 재산은 돈이 아니라 '신뢰'가 아닐까요? 신뢰가 쌓인 사람은 어떤 일을 해도 지지를 받기 마련입니다.

마지막으로 용기입니다. 확신과 신뢰가 있더라도 용기가 없으면 사업을 시작하기 어렵습니다. 사람들은 무언가를 시작할 때, 대부분 성공보다는 실패를 먼저 생각하거든요. 물론 사업을 하다 보면, 성공할 수도 있지만 실패할 가능성도 있습니다. 용기는 이 두 가지 가능성을 다 검토한 후 도전하는 것이라 생각합니다. 큰 성공을 거둔 사람들도 사업 실패에 대한 공포를 느낍니다. 하지만 그런 마음을 이겨 내는 힘이 더 크기 때문에 사업을 시작할 수 있는 것입니다. 홍성희 대표를 보며 일을 밀어붙이는 '자기 확신'과 '신뢰', 그리고 도전하는 '용기'가 중요하다는 것을 깨달았습니다.

### 공감 능력과 도전 정신을 가진 소년 발명가, 잭 안드라카

우리 주위에는 많은 암 환자들이 있습니다. 모든 암이 무섭겠지만, 그중에서도 췌장암은 특히 무서운 암이라고 생각합니다. 췌장암은 초기 증상이 없어 조기 발견율이 10%가 되지 않기 때문입니다. 다시 말해 암이 발견과 동시에 손을 쓸 수 없을 정도로 악화되어 있을 가능성이 높다는 말이지요.

현재 췌장암은 복부 CT컴퓨터단층촬영 또는 MRI자기공명영상에 의한 영상 진단으로 진단을 할 수밖에 없습니다. 그런데 이 진단 방식에 문제를 제기하고, 새로운 진단 기술에 도전장을 던진 소년이 있습니다. 바로 미국에 사는 잭 안드라카입니다. 잭의 도전기는 책으로도 출간되었고, 국내에서도 번역되어 화제가 되었습니다.

잭은 가깝게 지내던 테드 삼촌이 갑자기 췌장암으로 사망하자 충격을 받고 췌장암에 관심을 두게 됩니다. 각종 검색 사이트에서 췌장암에 대한 자료를 찾으며 공부를 시작하지요. 잭의 무기는 위키피디아와 구글, 고등학교 생물 교실에 있는 장비 몇 가지밖에 없었습니다. 그렇게 공부를 하던 중, 잭은 놀라운 사실을 알게 됩니다. 바로 현대 의학의 췌장암 진단 방식이 부정확하고, 비용이 많이 든다는 것이었지요. 잭은 훨씬 값싸고 정확한 진단 방식을 만들겠다고 결심합니다. 하지만 현실은 쉽지 않았습니다. 그러나 잭은 포기하지 않고 연구에 몰입했고, 그 결과 특정 암에 걸리면 특정 단백질이 늘어난다는 사실을 알아냅니다. 그중에서도 췌장암, 난소암, 폐암에 반응하는 '메소텔린' 단백질을 발견하게 됩니다.

잭은 메소텔린만 뽑아내는 기술을 찾기 위해 고민하다가, 어느 날 과학 논문을 통해 '탄소나노튜브'라는 신소재를 알게 됩니다.

잭은 항체와 탄소나노튜브를 결합해 췌장암을 진단할 수 있는 진단 키트를 만들 수 있다는 확신을 하지요. 그리고 수십 개의 연구소에 도움을 요청하지만 대부분 거절당합니다. 그러던 중 잭의 가능성을 본 존스홉킨스대학의 마이트라 박사가 잭에게 연구실을 내어 주게 되지요.

잭은 존스홉킨스대학 연구실에서 다양한 실험을 할 수 있었습니다. 그 결과 2011년 장당 약 3센트의 비용으로 5분 안에 췌장암을 조기 발견할 수 있는 종이 센서를 발명하게 됩니다. 이 발명으로 2012년도에 인텔 국제과학기술경진대회에서 고든 무어상을 수상하는 영예를 얻기도 했습니다. 2014년에는 SBS 서울디지털포럼에 메인 연사로 나와 감동을 나누기도 했지요. 게다가 발명을 할 때 가장 힘들었던 일은 유료 학술 논문에 접근하는 일이라고 밝혀, 학술 논문을 무료로 공개하자는 운동에 불을 지피기도 했습니다.

현재 잭의 발명품이 전 세계 의학계에 검증을 받았는지는 잘 모릅니다. 하지만 잭의 도전은 4차 산업 혁명 시대를 살아갈 우리와 우리 자녀들에게 분명한 메시지를 주고 있습니다. 발명은 어떤 사람들이 한다고 생각합니까? 특별한 사람만이 할 수 있다고 생각하고 있지는 않은가요? 잭은 1997년생으로 종이 센서를 발명했을 때 나이는 겨우 15세였습니다. 저는 잭이 이 어린 나이에 전 세계를 놀라게 한 발명품을 만들 수 있었던 것은 도전 정신과 공감 능력이 있었기 때문이라고 생각합니다. 사람들이 불편해하는 것이 무엇인지를 알고 개선하려는 의지가 있어야 할 수 있는 것이 발명입니다. 다시 말해 발명은 공감 능력이 없으면 절대로 할 수 없는 것이지요. 잭은 삼촌의 죽음으로 췌장암에 대해 알게 되었고, 췌장암으로 고통받는 사람들의 상황과 마음을 이해하면서 새로운 진단 기술을 발명해 내는 도전을 하게 된 것입니다.

더 나아가 잭의 발명은 우리 교육에 대한 깊은 고민까지 던져 줍니다. 앞에서도 언급했지만, 24시간 스마트폰을 들고 다니는 시대에 빨리 외우고, 빨리 풀고, 여러 보기 중에서 답을 고르는 객관식 문제가 의미가 있는지 의문입니다. 오히려 이 사례의 주인공인 잭처럼 어떤 일을 추진하기 위한 강력한 동기 유발과 추진력을 무장한 채, 쌓여 있는 각종 데이터를 자신만의 시각으로 해석하고 재창조하는 능력을 기를 수 있도록 도와주는 것이 진짜 교육이 아닐는지요. 아직까지도 우리 교육 시스템이 오직 대학이라는 간판 하나에만 매달리는 인생을 만드는 것은 아닌지 걱정이 큽니다.

잭과 같은 청년들이 우리나라에서도 많이 나왔으면 좋겠습니다. 그리고 정부에서 이런 청년들에게 정책적으로 지원해 준다면 우리나라에서도 인류를 구원할 수 있는 여러 발명품이 나올 것으로 생각합니다. 잭의 감동적인 사연을 이렇게 짧은 글로 전달하기가 쉽지 않네요. 잭의 이야기를 다룬 책과 기사, 영상 등에 더 자세히 나와 있으니 기회가 된다면 한 번씩 보는 것도 좋겠습니다. 분명 많은 감동과 교훈을 받을 것입니다.

part4

# 4차 산업 혁명 시대, 이제 무엇을 준비해야 할까?

4차 산업 혁명 시대에 필요한 능력

4차 산업 혁명 시대에 필요한 능력은 어떻게 키울 수 있는가?

직업 선택을 위해 준비해야 할 것들

# 4차 산업 혁명 시대에 필요한 능력

## 품성이 곧 능력인 시대가 오고 있다

4차 산업 혁명을 요약하면, 이 시대가 인간 두뇌가 아닌 '인공 지능'이라는 능력을 하나 더 가지는 것을 의미합니다. 이것은 매우 복잡한 의미를 가지고 있으며, 문명사에 큰 변화가 예상되는 일입니다. 앞에서 사람이 만들어 낸 것 중 가장 복잡한 게임이 바둑이라고 했습니다. 우리는 불과 몇 년 전만 하더라도 컴퓨터는 사람에게 바둑을 이길 수 없다고 단언했습니다. 인공 지능의 위력을 제대로 알지 못했기 때문에 할 수 있었던 말이었지요. 지금 생각해 보면 참 허망한 이야기일 뿐입니다. 사람이 달리는 속도와 자동차 속도를 비교할 수 없는 것처럼, 사람의 뇌는 인공 지능을 이길 수 없습니다.

따라서 그동안 주입식 교육으로 배워 왔던 '지식'이 반드시 필요한지 근본적인 고민을 해야 합니다. 그리고 이제는 우리도 인정해야 할 것입니다. 사람의 여러 능력 중 하나인 두뇌 기능을 인공 지능이 일부 대신해 줄 수 있음을 말이지요. 수리 탐구, 사회 탐구, 과학 탐구 해결 능력으로 사람의 두뇌 수준을 평가하고, 이를 토대로 한 사람의 가능성을 헤아리는 것이 4차 산업 혁명 시대를 살아갈 인재를 키우는 데에 과연 도움이 될까요? 계속해서 강조하지만, 절대 그렇지 않습니다. 그렇다면 이 시대에서 우리가 놓치지 말아야 하는 것은 무엇일까요?

최첨단 기계 시대에도 사람의 본질을 찾기 위한 것들은 많이 있습니다. 그것이 우리들이 찾아야 할 해답입니다. 마라톤을 한번 생각해 볼까요? 올림픽에서 마라톤은 항상 가장 마지막에 진행됩니다. 42.195km를 뛰어서 메인 경기장에 들어오면, 모든 관중이 기립 박수를 보내지요. 일반 자동차로 30분이면 갈 수 있는 거리를 사람이 두 시간 넘게 뛰어서 완주하는 것에 왜 많은 사람이 감동하는 걸까요? 마라톤은 기원전 490년, 그리스와 페르시아의 전쟁에서 그리스의 승전 소식을 알리기 위해 아테네의 한 용사가 마라톤 평원에서 아테네까지 40km나 되는 거리를 달린 것에서 유래되었습니다. 마라톤은 인간의 한계를 시험하는 극한의 스포츠입니다. 한계를 느끼고 뛰어넘는 것은 사람만이 공유할 수 있는 공감대이지요. 이것을 고민해 보면 4차 산업 혁명의 본질을 이해할 수 있을 것으로 보입니다.

더 빨리, 더 많이 문제를 해결하는 것은 인공 지능에 맡겨 두면 됩니다. 어릴 때부터 두뇌가 뛰어나지 못해 좌절감을 경험하는 시대는 끝났다는 이야기입니다. 이제는 새로운 준비를 해야 할 때입니다. 4차 산업 혁명이 인간의 본질을 찾기 시작하는 출발점이 된다는 뜻이지요.

기존 직장의 시대도 서서히 끝이 나고 있습니다. 향후 10년 내에 기업들은 더 완벽한 무인화, 자동화를 실현하기 위해 노력할 것입니다. 그만큼 직장은 점점 사라져 갈 것입니다. 이미 위기 징후가 곳곳에 나타나고 있습니다.

단국대학교 경제학과 김태기 교수는 "장기 실업자, 구직 단념자가 급증하고 있다. 이는 정부 통계로 확인되는 사항이다. 장기 실업자는 작년 동기 대비 50% 증가했고, 구직 단념자는 12개월째 연속 증가하고 있다. 취업자 증가도 정부 목표의 절반이 안 될 정도로 부진하다. 비정규직이 일자리를 잃고 또 정규직으로 확산되면 대량 실업의 비극이 현실화된다."라고 했습니다.*

반면 없어진 직장만큼 새로운 직업들이 만들어질 것입니다. 그 직업을 먼저 공부하고 선점하는 사람들은 좀 더 행복한 인생을 살아갈 가능성이 커지겠지요. 이것이 우리 아이들에게 올바른 직업 교육을 해야 하는 이유이기도 합니다.

* 김현호, 「대량 실업의 위기가 다가오고 있다」, 〈뉴시스〉, 2018년 5월 31일.

많은 전문가도 기존의 시스템이 곧 마감할 것이라고 경고합니다. 송길영 다음소프트 부사장은 "지금 사교육의 목적은 좋은 대학에 보내 좋은 직장 잡게 하려는 것이다. 그러나 '사교육 → 명문대 → 대기업 · 공무원 → 은퇴 = 성공한 삶'이라는 공식이 깨지고 있다. 기술 변화 속도가 전보다 훨씬 빠르고 인간 수명이 늘기 때문이다. 부모 세대의 금과옥조였던 '평생직장'이 없어지고, 대학 4년간 배운 전공 하나로 30년씩 회사에 다니며 먹고사는 시대가 끝난다."라고 말했습니다.**

이처럼 우리 아이들이 살아갈 인생은, 현재와 완전히 바뀌어 있을 것입니다. 그럼 무슨 능력이 필요할까요? 4차 산업 혁명 시대에 가장 필요한 능력은 단연 '자존감' '공감 능력' '신뢰성' '도전 정신'이라고 생각합니다. 제가 말한 이 네 가지를 보고 능력이 아니라 품성이 아니냐고 반문하는 분들도 있을 것입니다. 품성이 곧 능력인 시대가 오고 있다고, 아니 이미 왔다고 말하고 싶습니다. 남을 이겨야 살아남을 수 있는 경쟁적인 교육을 하다 보니, 우리는 정작 중요한 사람의 본질을 놓치고 있습니다. 그러나 사람의 품성이야말로 어쩌면 진정한 경쟁력이 아닐까요?

** 박승혁, 「'선행학습→명문대→좋은 직장' 성공 공식 깨지고 있다」, 〈조선일보〉, 2017년 3월 16일.

### 자신감의 친구 열등감, 그리고 자존감

자존감은 "자신에 대한 존엄성이 타인들의 외적인 인정이나 칭찬에 의한 것이 아니라 자신 내부의 성숙된 사고와 가치에 의해 얻어지는 개인의 의식"*을 말합니다. 쉽게 말해 남의 눈치를 보지 않고 자신은 이 세상에 필요해서 태어났다고 선언할 수 있는 것을 말합니다. 이 선언은 생물학적으로도 큰 가치가 있는 이야기입니다. 몇 번의 시행착오 끝에 수억 개의 정자 중 하나가 난자에 의해 선택되고, 10개월 동안 거듭된 세포 분열과 분화를 무사히 거쳐야만 세상에 태어날 수 있기 때문입니다.

그러나 불행히도 이렇게 기적적으로 태어나도, 우리는 자존감을 유지하기가 어렵습니다. 어린이집을 다니기 시작하면 경쟁자들이 나타납니다. 돌봐 주는 선생님의 수가 적어, 선생님 품에 안기려면 경쟁을 해야 하기 때문이지요. 결국 자존감은 자동으로 생기는 것이 아니라 시간과 노력의 축척으로 얻어지는 것입니다. 어떤 사람은 부모님의 헌신적인 사랑으로 느끼기도 하고, 어떤 사람은 책을 읽다가 갑자기 깨달음을 얻기도 하며, 여행 중에 아름다운 풍경을 감상하다가 불현듯 낮았던 자존감을 회복하기도 합니다.

제 이야기를 잠깐 하겠습니다. 저는 체질적으로 땀이 많고, 더위를 참지 못합니다. 하필이면 군에 입대한 1994년은 무척 더웠습니

* 이철수, 『사회복지학사전』, 블루피쉬, 2009, 네이버 지식백과 재인용.

다. 당시 부대에서 이등병 시절을 보냈던 7월은 섭씨 40도에 육박하는 날씨였습니다. 대구 MBC에서 달걀을 아스팔트에 깨뜨린 후 익어 가는 장면을 소개할 정도였으니까요. 더운 날씨와 함께, 군대의 위계질서가 너무 버거웠습니다. 계속되는 주특기 교육으로 피부는 엉망이 되었고 매일 계속되는 선임들의 욕설과 지적에 정신은 황폐화되었습니다. 피부가 뒤집어지니 짓물러 앉지도, 눕지도 못한 상태가 되었습니다. 거기다 이등병의 고통이 합쳐지니 이상한 환청까지 들리는 듯했습니다.

어느 날 새벽 근무를 마치고 혼자 몰래 화장실을 갔는데, 이런 생활이 반복된다면 차라리 죽는 것이 낫겠다는 무서운 생각이 들었습니다. 그때 전투화에 매여져 있던 신발 끈이 크게 보이더군요. 몇 분 동안 전투화 끈을 유심히 바라보았던 것 같습니다. 초소 근무를 함께 섰던 선임이 저를 찾지 않았더라면 어떤 선택을 했을지 모를 정도로 정신적으로 온전한 상태가 아니었습니다. 스물한 살의 저는 군 생활 부적응과 무더운 날씨로 끝없는 나락으로 떨어지고 있었지요.

다행히 이등병 생활을 무사히 마치고, 오매불망 기다리던 일병 휴가를 나갈 수 있게 되었습니다. 그러나 위기는 반복되지요. 부대 정문을 나서면서 다시는 돌아오고 싶지 않다는 생각이 강하게 들었습니다. 대구에 있는 집에 가기 위해 기차를 탔고, 기분이 좋지 않아 맥주를 잔뜩 마셨던 것 같습니다. 그런데 정신을 차려 보니 제가 기차 입구에 매달려 있더군요. 당시에는 기차가 빠르지 않아 입구에서 문을 열 수가 있었거든요. 그 당시, 기차에서 뛰어내리면 부대에 복귀하지 않아도 된다는 생각을 했던 것 같습니다. 그때는 군 복무 기간이 26개월이었기에 군 생활 6개월을 겨우 마친 일병에게는 나머지 20개월이 너무나 길게 느껴졌을 테니까요. 당시 일병 계급장을 달고 있는 제 모습이 초라해 기차 입구에 매달려 많이도 울었습니다. 마침 다행히도 역무원 아저씨가 저를 잡아 주셔서 큰일은 일어나지 않았습니다. 그리고 그때 역무원 아저씨가 해 주신 말씀이 25년이 지난 현재까지 귓가에 생생하게 남아 있습니다.

"군 생활 금방 끝난다. 인생에서 좋은 일 많으니까, 조금만 견뎌봐. 젊은 나이에 인생을 이렇게 마치면 안 되네."

역무원 아저씨의 말씀을 새기고, 휴가 중에 여러 친구들을 만나 고민도 나누고, 병원에서 피부 치료와 약 처방도 받으며 마음을 간신히 다잡고 부대에 복귀했습니다. 앉아 있지도 못할 정도로 피부가 짓무른 상태였는데, 다행히 부대 간부들이 내무반에서 좀 쉴 수 있도록 배려를 해 주었습니다. 마음가짐을 달리하니 상황이 도와주는 느낌이 들 정도였지요. 그때부터 저는 한가한 시간에 책을 읽기 시작했습니다. 부대 구성원 중 대학생들이 많아 후임들이 책을 읽는 것도 약간은 허용이 되었거든요. 당시 누군가의 추천으로 신영복 교수의 『감옥으로부터의 사색』을 읽었습니다. 책에 이런 문구가 나옵니다.

"여름 징역은 자기의 바로 옆 사람을 증오하게 한다는 사실 때문입니다. 모로 누워 칼잠을 자야 하는 좁은 잠자리는 옆 사람을 단지 37도의 열덩어리로만 느끼게 합니다. 이것은 옆 사람의 체온으로 추위를 이겨 나가는 겨울철의 원시적인 우정과는 극명한 대조를 이루는 형벌 중의 형벌입니다. 자기의 가장 가까이에 있는 사람을 미워한다는 사실, 자기의 가장 가까이에 있는 사람으로부터 미움받는다는 사실은 매우 불행한 일입니다."*

이 부분을 읽고 얼마나 많은 공감을 했는지 모릅니다. 작가가 20년 동안 저런 지옥 같은 생활을 했다고 생각하니, 역설적이게도 조금씩 군 생활을 견뎌 나갈 수 있었습니다. 이 책을 시작으로 군 복무 시절 다양한 책을 읽었습니다. 일병 때부터 시작된 독서 습관은 제대할 때쯤 300여 권의 책을 완독할 수 있게 만들었습니다.

계급이 높아지면서 대학에서 학생 운동을 하던 후임들과 대화를 할 기회도 생겼는데, 새벽 근무 시간에 그들이 들려주었던 이야기는 제게 큰 충격이었습니다. 마치 한국 현대사에 관한 훌륭한 강의 같았지요. 이등병 때는 힘들기만 했던 근무 시간이 기다려졌고, 같이 보초를 서는 후임들과 철학, 역사, 정치, 학생 운동 등에 대해 깊은 대화를 나누며 매번 귀한 시간을 가졌습니다.

저는 군 생활 동안 독서와, 여러 사람과의 대화를 통해 자존감을

---

* 신영복, 『감옥으로부터의 사색』, 돌베개, 1998년, 329쪽.

조금씩 쌓아 갈 수 있었습니다. 사실 입대 전만 하더라도 열등감에 꽉 사로잡혀 살았던 사람이었거든요. 어쩌면 군 복무 중 죽음까지 고민했던 고통과 그것을 이기기 위한 독서, 동료와의 대화가 제가 이 세상에 태어난 이유를 알게 해 준 것 같아요. 전역 후 기존에 다니던 전문 대학을 그만두고 새로 수능 공부를 시작했습니다. 독서 습관은 대학에서도 큰 도움이 되었습니다. 매년 읽었던 100여 권의 책들은 저를 크게 성장시켜 주었지요. 그 덕에 지금처럼 시민 활동가의 삶을 살 수 있게 된 것이라고 생각합니다.

자존감은 바로 자신이 소중하다는 것과 인생을 살아갈 목표가 생기는 것을 의미합니다. 그 목표는 다른 사람과 비교하지 않고, 자신만의 인생을 살아가는 에너지를 말하는 것이지요.

많은 사람이 자존감과 자신감을 혼동합니다. 사람들에게 자신감의 반대말이 무엇이냐고 물으면 대개 제대로 답변을 하지 못하는데, 자신감의 반대말은 '열등감'입니다. 자신감과 열등감은 교묘히 맞닿아 있습니다. 대학만 하더라도 그렇습니다. 세상의 기준에 따라 대학마다 서열이 있고, 심지어 과마다 점수의 차이가 있습니다. 어느 대학과 학과를 다니는 것으로 자신감과 열등감이 생기지요.

물론 저 역시 학교와 학과를 등급으로 나누는 것은 정상적이지 않다고 생각합니다. 그렇지만 우리는 그렇게 비교당하며 살아왔지요. 사실 저는 대구대학교를 졸업했다는 말을 아직까지도 쉽게 하지 못합니다. 대학만으로 저를 평가하는 것에 어느 정도 익숙해져 있기는 하지만, 대학 이름을 말할 때 열등감이라는 감정이 올라오기 때문이지요.

한번은 어느 한 언론사 기자와 술을 먹다가 학교 이야기가 나왔어요. 저에게 무슨 학과 출신이냐고 묻기에 법학과라고 대답했지요. 그랬더니 그 기자는 저에게 학교에 대한 추억을 마구 이야기하기 시작했습니다. 마치 같이 학교에 다녔던 사람들의 추억을 나누듯이 말입니다. 가만히 들어 보니, 서울대학교 이야기 같더군요. 한참을 들은 후에, 대구대학교 출신이라고 하니 그 기자는 엄청 당황해했습니다. 시민 단체 리더는 다 서울대학교 출신이라고 생각하고 있었던 같아요. 그 자리에서는 웃고 넘어갔지만, 참 씁쓸한 기억입니다. 저는 대학과는 전혀 관계없이 기록 · 정보 활동가라는 직업을 개척했고, 인생에 목표를 가진 채 살고 있습니다. 명지대학교 기록정보과학전문대학원에서 공부할 기회도 생겨, 석사 학위를 취득하기도 했습니다. 제가 소위 일류 대학을 나오지 않아서 겪은 어려움은 없었다는 말이지요.

자신감이 가득 차 있는 사람도 자신보다 더 능력이 뛰어난 사람 옆에 서면 열등감이 올라옵니다. 자신감은 비교 대상이 필요한 감정이니까요. 이는 학벌에만 국한되지 않습니다. 어떤 분들은 아파트 평수로, 차량의 종류로도 느낍니다. 인생을 살면서 곳곳에 열등감을 느끼게 하는 것들이 널렸어요. 자신감만 가득 차 있는 사람은 열등감을 쉽게 느낄 수 있습니다.

반면 자존감은 비교 대상과 관계없이 자신만의 인생을 살아갈 힘을 이야기하는 것입니다. 앞에서 언급했듯 4차 산업 혁명 시대에는 직장의 파괴와 직업의 다양화를 경험하게 될 것입니다. 회사라는 울타리가 없어도, 자신의 실력을 키우고 도전할 수 있는 실력이 필요합니다. 이것은 강한 자존감 없이는 불가능하지요. 가끔 자존감이 강한 사람들을 만나면 신비한 느낌마저 듭니다. 이분들은 자유자재로 사업을 만들어 내며, 무모하다 싶을 정도로 저돌적입니다. 대단한 능력이지요. 결론적으로 우리 아이들도 자존감이 강하게 설 수 있도록 도와줘야 합니다. 그것이 곧 힘이고 경쟁력이 되기 때문입니다.

### 공감 능력은 혁신의 바탕

공감 능력은 무엇입니까? 다른 사람의 아픔과 기쁨을 이해하고, 자기 일처럼 느끼는 것을 말하는 것입니다. 이것은 사람의 기본적인 품성이라고 하지요. 맹자는 성선설性善說을 주장하면서 그 근거로 사람들은 어린아이가 우물에 빠지는 것을 보면 다 같이 깜짝 놀라고 불쌍히 여기는 마음이 생기며, 아이를 구하러 간다고 말했습니다. 이것은 그 부모에게 잘 보이려는 목적도 아니고, 명예를 얻기 위한 것도 아니고, 구해 주지 않은 것에 비난받지 않으려 하는 것도 아니라고 했지요. 즉, 공감 능력은 사람이 태어날 때부터 가지고 있는 것이라고 이야기하는 것입니다.

공감 능력 상실은 매우 우려스러운 일입니다. 앞에서 언급했던 단체 채팅방에서 이루어지는 성희롱, 몰래카메라, 무자비한 댓글 등은 모두 공감 능력이 부족해 생긴 일들입니다. 약자를 향한 '묻지마 범죄'가 늘어나는 것도 공감 능력을 상실해 발생하는 일이지요.

반면 공감 능력이 발달한 사람들은 이 능력으로 사람에게 도움이 되는 수많은 혁신적인 상품을 만들기도 합니다. 사람들이 불편해하는 것이 무엇인지 잘 느끼기 때문에 가능한 일이지요.

저는 한겨레 부설 연구소인 사람과디지털연구소가 개최하는 '휴먼테크놀로지 어워드' 심사 위원으로 활동하기도 했습니다. 덕분에 놀라운 디지털 기술들을 많이 보며 경험했습니다. 2015년 1회 시상에서는 '재초대 거부와 비밀 채팅 기능을 도입한 카카오톡의 사용자 권한 강화 서비스'가 대상을 받았습니다. 카카오에서 친구를 강제로 초대해 집단적으로 공격하는 것을 막고, 강제 초대로 괴롭힘을 당하는 아이들을 보호하기 위해 만든 기능입니다. 2016년 2회 휴먼테크놀로지 어워드는 청각 장애인들의 의사소통을 돕는 앱과 서비스를 개발해 오랫동안 제공해 온 엔씨소프트의 보완대체의사소통ACC, Augmentative and Alternative Communication을 적용한 'My First ACC나의 첫 ACC'가 대상을 받았습니다.* 보완대체의사소통이란 말

* 구본권, 「'휴먼테크놀로지 어워드 2017' 취지와 올해 특징」, 〈한겨레〉, 2017년 11월 9일.

과 언어 표현 및 이해에 어려움을 겪는 장애인들이 좀 더 편하게 자신의 의사를 표현할 수 있도록, 구어를 보완하거나 대체하는 의사소통 방법입니다. 엔씨소프트문화재단은 사회 공헌 사업으로 보완대체의사소통을 수년째 개발해 왔고, 2014년 5월, 언어 연령 2~5세의 장애 아동을 주 대상으로 하는 My First AAC를 출시했습니다. 이 앱으로 청각 장애인들은 자신의 의사를 마음껏 표현할 수 있겠지요.

이런 앱을 개발하는 것 자체가 엄청난 공감 능력이 있어야 가능한 것입니다. 공감 능력으로 사회적 약자들의 아픔을 이해해야 그것이 기술 혁신으로 이어지는 계기가 됩니다. 기술과 인공 지능이 발전할수록, 공감 능력은 더욱더 중요해질 것입니다. 4차 산업 혁명 시대에 가장 필요한 기술은 어쩌면 '인간 소외를 막는 것'일지도 모릅니다. 인간과 기계가 조화롭게 융화되기 위해서는 인간에 대한 관심을 놓쳐서는 안 되니까요. 인간에 대한 관심은 곧 공감 능력을 말하는 것입니다. 가족과 친구를 사랑하고, 사회적 불의에 분노하는 마음이 있다면 앞으로 훌륭한 인재로 살아갈 가능성이 높을 것입니다.

### 사람을 넘어, 동물과 환경에 대한 사랑

공감 능력이 높은 사람은 사람에게만 관심이 머물지 않습니다.

동물, 환경 등 다양한 분야에 관심이 높아요. 최근 반려동물에 대한 관심이 뜨겁습니다. 강형욱 동물 훈련사가 출연했던 〈세상에 나쁜 개는 없다〉라는 방송을 본 적이 있는지 궁금하네요. 저는 이 방송을 보면서 큰 충격을 받았습니다. 반려견의 이상 행동의 원인은 대부분 주인에게 있다고 하더군요. 반려견 자체에서 문제가 발견된 경우는 적다고 합니다. 반려견에게 관심을 주지 않고 방치하거나, 의사소통이 제대로 되지 않아서 발생하는 것이지요. 아이를 키우는 것과 비슷하다고 볼 수 있습니다. 그래서인지 강형욱 동물 훈련사는 모든 반려견을 '아이'라고 표현을 합니다. 사람과 같은 존재라는 것이지요. 이 방송에서 강형욱 동물 훈련사는 주인과 반려견 사이에 잘못된 의사소통을 바로잡는 것에 집중합니다. 이 부분만 개선되면, 반려견이 보이던 이상 행동이 대부분 사라지더군요. 즉, 동물에 대한 공감 능력이 얼마나 중요한지 잘 보여 주고 있는 것이지요.

자신이 키우는 반려동물뿐만 아니라 길거리 고양이들에게 먹이를 챙겨 주는 사람들도 많이 늘어나고 있습니다. 이 사람들은 집에서 보호받는 고양이뿐만 아니라 길거리의 배고파하는 고양이에게도 공감 능력을 발휘하는 것입니다. 공감 능력을 점수화한다면, 거의 만점에 가까운 사람들이지요. 만약 여러분들의 아이가 길거리 고양이에게 관심을 가진다면 공감 능력이 매우 높다는 것을 의미합니다. 4차 산업 혁명형 인재가 될 가능성이 크다고 해도 과언이 아닙니다.

동물을 사랑하는 사람 중에는 채식주의자들도 많습니다. 채식주의자의 종류는 다양합니다. 육류와 동물성 식품을 전혀 먹지 않는 비건 채식주의자vegan가 있는 반면, 유제품과 달걀 등 일부는 섭취하고 육류만 제한하는 락토 오보 채식주의자lacto-ovo vegetarian도 있지요. 이 사람들 중에는 체질상 고기를 먹지 못하는 사람들도 있지만, 동물을 사랑해 식성을 아예 바꾼 사람들도 있습니다. 공감 능력의 끝판왕이지요. 채식주의자들을 보면 개인적으로 존경하는 마음이 생깁니다. 인간의 욕구 중 하나가 식욕이지요. 욕구를 제어한다는 건 결코 쉬운 일이 아닌데, 채식주의자들은 가장 실천하기 어려운 분야를 온몸으로 실천하고 있는 것입니다.

동물을 사랑하는 마음에서 한 단계 더 나아가 환경을 위해 행동하는 사람들도 있습니다. 바로 프리건freegan입니다. 멀쩡하게 버려지는 음식과 물건이 없는지 쓰레기통을 뒤져 의衣와 식食을 해결하는 그들의 모습이 언론을 통해 알려지면서 프리건 운동은 더욱 주목받기 시작했습니다. 기본적으로 프리건은 대량 생산, 대량 소비, 대량 낭비 자체를 반대하는 사람들입니다. 예를 들어, 대개 유통기한이 조금이라도 지나면 음식을 버리곤 하는데, 프리건은 환경을 보호하는 차원에서 유통 기한이 지나 버려진 음식을 먹습니다. 음식뿐만 아니라, 각종 폐기물의 재활용도 요구합니다. 결국 지구를 사랑하는 공감 능력에서 시작된 운동인 것이지요.

이처럼 공감 능력이 큰 사람들은 사람과 동물뿐만 아니라 환경 분야 전체에도 관심을 가집니다. 지난 2011년, 일본 후쿠시마에서 원자력 발전소가 폭발했습니다. 이 사고의 피해자는 누구일까요? 일차적 피해자는 주변 지역에 사는 주민들이지만, 시간이 흐름에 따라 전 세계 사람들이 피해자라는 것이 드러나고 있습니다. 여전히 후쿠시마에서는 방사능이 새어 나와 바다로, 공기로 퍼져 나가고 있습니다. 한때 일본산 수산물에 대한 공포가 얼마나 심했는지 기억할 것입니다. 이러한 문제점을 알기에, 이 끔찍한 사태를 반복하지 않기 위해서 원자력 발전소 폐로 운동을 하는 환경 활동가들이 전 세계적으로 활동하고 있습니다.

우리나라에서는 원전 반대를 비롯해 미세 먼지 감소, 4대강 반대 등 많은 분야에서 환경을 살리기 위한 녹색 운동을 목표로 하는 정당도 있습니다. 2012년 생태주의 진보 정당을 지향하며 창당한 '녹색당'입니다. 이 역시 환경에 대한 공감 능력이 발현된 형태라고 볼 수 있지요.

개인적으로 시민 활동가로 살아가면서 공감 능력이 높은 사람들을 자주 만날 수 있어 행복합니다. 공감 능력이 높은 사람들은 대부분 선한 얼굴과 밝은 표정을 가지고 있어서 마음이 편안해집니다.

공감 능력은 사람에서 시작해, 동물, 환경, 그리고 지구와 함께 우주로 뻗어 나갑니다. 공감 능력이 높은 사람들은 절대로 약자를 괴롭히지 않습니다. 이 공감 능력이 인공 지능, 로봇 시대에 사람의 본질을 회복시킬 수 있는 무기라고 생각합니다.

### 신뢰성이 곧 경쟁력

신뢰성을 국어사전에서 찾아보면, "굳게 믿고 의지할 수 있는 성질"이라고 나옵니다. 즉, 신뢰성은 자신을 믿고, 남을 믿는 능력이라고 할 수 있지요. 여기서 자기 확신이 시작되는 것입니다. 반대로 남들이 자신에게 가지는 신뢰성도 매우 중요하지요. 그렇다면 신뢰성은 어디에서 나오는 것일까요? 바로 실력입니다. 실력은 기본을 충실히 다졌을 때 생겨납니다.

저는 〈백종원의 골목식당〉이라는 프로그램을 자주 봅니다. 골목상권을 살리기 위해 백종원 대표가 여러 조언을 해 주는데, 이 방송을 보면 백종원 대표가 유독 자주 화를 내는 모습이 반복해서 나오는 때가 있습니다. 바로 주방을 점검할 때입니다. 재료는 신선하게 관리하는지, 주방용품은 청결하게 유지하는지, 조리 도구는 적절한 것을 쓰는지, 주방 동선은 잘 확보되었는지 유심히 살펴보지요. 백종원 대표에 따르면, 손님들이 잘 볼 수 없는 주방 관리가 음식점의 기본이자 시작이라는 것입니다. 음식 맛은 그다음인 것이지요. 손님이 식당에 대한 신뢰를 가지는 것은 바로 주방에서 시작된다는 사실을 알려 준 후, 음식 맛, 친절도, 서빙 노하우, 홍보 등을 가르쳐 주는 것을 볼 수 있습니다. 그런데 처음 음식점을 시작하는 사람들 중에는 이와 반대로 하는 경우가 많습니다. 홍보에만 신경을 쓰고, 고객의 신뢰를 구축하는 데에 가장 기본이 되는 주방 관리는 거의 신경 쓰지 않는 것이지요. 그러고서는 장사가 잘되지 않는 이유를 모르겠다며 하소연을 합니다. 신뢰의 중요성을 깨닫지 못한다면, 앞으로도 장사가 잘될 일은 없을 것입니다.

신뢰성은 약속을 잘 지키는 작은 습관에서도 생겨납니다. 저는 강의를 하러 갈 때 반드시 지하철이나 기차를 이용하는 버릇이 있습니다. 그리고 현장에 30분 전에 도착하려고 노력합니다. 예전에 대전에서 강의를 할 때, 버스를 타고 간 적이 있었습니다. 예상대로면 10분 전에 강의실에 도착해야 했지만, 그날따라 차가 막혀 30분이나 늦고 말았습니다. 당시 강의를 들으려고 모였던 사람이 100여 명 정도 되었지요. 정말 등에서 식은땀이 난다는 것이 무슨 말인지 그때 절실히 깨달았습니다. 이렇게 시작된 강의가 좋게 마무리될 리가 없지요. 늦은 만큼 더 열심히 강의에 임했지만, 강의 후 저에 대한 평가는 좋지 않았습니다. 어떤 이유에서든 강의 시간이라는 가장 기본이 되는 약속을 어겼고, 그로 인해 수강자들의 신뢰를 잃었던 것이지요. 그 뒤로 저는 아주 예외적인 경우가 아니면 강의를 갈 때 버스나 비행기를 이용하지 않습니다. 예상치 못한 연착 때문에 신뢰를 잃을 수는 없으니까요.

인공 지능과 기술이 아무리 발전해도 개인의 신뢰성을 대신 높여 주진 못합니다. 스마트폰에 수많은 알람 기능이 있지만, 약속을 지키지 않는 사람은 여전히 많습니다. 신뢰성은 사람 간의 약속을 이행하는 데에서 시작됩니다. 일단 '약속을 꼭 지키는 사람'이라는 평판이 생기면 돈으로 살 수 없는 엄청난 재산이 생기는 것입니다. 4차 산업 혁명 시대에는 조직보다는 개인에게 집중되는 일이 많기 때문에, 신뢰성은 더욱 중요해질 것입니다.

그러나 신뢰성은 갑자기 만들어지는 것이 아닙니다. 오랜 세월에 걸쳐 천천히 만들어지는 것이지요. 신뢰성이 높은 사람은 어떤 일을 하든 평판이 좋을 수밖에 없고, 결국 성공으로 이어질 수밖에 없습니다. 혹시 자신에게 안정적인 일거리가 생기지 않거나, 주변 사람들이 떨어져 나간다고 느낀다면 본인이 제대로 신뢰성을 쌓고 있는지 점검해 보기 바랍니다.

### 꿈을 향한 도전 정신

사람은 관성적으로 살아가는 본능이 있습니다. 자기가 살던 곳에서, 익숙한 일을 하며 친한 사람들과 어울리면서 살아가길 원하지요. 이것을 갑자기 바꾸면 엄청난 스트레스가 밀려옵니다. 그 스트레스에 맞서는 힘을 바로 '도전 정신'이라고 부르지요. 최근 멀쩡한 직장을 그만두고 스타트업이나 단체를 시작하는 사람들이 늘고 있습니다. 이런 선택을 하려면, 안정적인 수입과 삶을 포기해야 합니다. 웬만한 도전 정신이 없다면 힘든 일이지요.

〈뉴스타파〉를 만드는 한국탐사저널리즘은 시민들의 순수한 후원으로 운영되는 독립 언론사입니다. 기존의 언론사들이 주요 수입원으로 삼는 광고를 전혀 하지 않습니다. 대신 좋은 보도를 할 때마다 후원자들이 자발적으로 후원해 주는 방식으로 수익을 내고 있습니다. 〈뉴스타파〉를 이끌고 있는 김용진 대표를 포함해, 직원 상당수는 KBS, MBC, 국민일보 등 기존 대형 언론사 기자였습니다. 이들은 왜 인지도가 높은 주류 언론사를 그만두고 〈뉴스타파〉로 옮겨 왔을까요? 아마 언론인으로서 자본과 정치적 고려 없이 보도를 하고 싶은 욕구가 가장 크게 작용했을 것입니다. 〈뉴스타파〉가 만들어지고 난 후, 우리나라 언론에 기록될 많은 특종 기사들이 쏟아져 나왔습니다. 대표를 비롯해 수많은 기자들의 도전 정신이 우리 사회에 숨겨져 있었던 민낯을 드러내게 할 수 있었던 것이지요.

이뿐만 아니라 다른 대안 언론이 많이 나타나고 있습니다. 〈오마이뉴스〉에서 기자로 활동하다가 진실 탐사 그룹 '셜록'을 만든 박상규 기자도 있습니다. 박상규 기자는 〈오마이뉴스〉를 그만둔 후 앞서 말한 박준영 변호사와 함께 삼례 나라 슈퍼 강도 사건, 약촌 오거리 살인 사건의 범인으로 누명을 쓴 희생자들의 억울한 사연을 취재해 무죄 선고를 받는 데에 큰 기여하기도 했습니다.

이런 도전 정신은 어느 순간 하늘에서 뚝 떨어지는 것이 아닙니다. 자신의 꿈을 온전히 마주한 사람들만이 받을 수 있는 선물입니다. 관성에 젖어 살아가지 않고 도전하는 사람들을 위한 것이지요. 계속해서 강조해 왔듯이, 4차 산업 혁명으로 인해 인공 지능이 사람을 대체하면서 현재 있는 직업들이 하나둘씩 사라져 갈 것입니다. 한 가지 직업에만 몰입하고 있었는데, 세상에서 그 직업이 사라지면 어떻게 할 건가요? 이러한 상황이 자신에게는 닥치지 않을 것이라고 생각하면 안 됩니다. 오히려 더욱 자신에게 닥쳐올 미래임을 인식하고 준비해야 하지요. 그러려면 기존의 직업이 아닌, 새로운 직업, 새로운 일, 새로운 길을 찾고자 계속해서 도전하고 노력해야 합니다. 그러는 중에 자신만의 새로운 직업을 만들게 될 수도 있습니다. 관성을 거부하고 미래를 준비하는 도전 정신은 사회적으로 새로운 가치를 만들어 내며 개인적으로 성공을 가져다줄 것입니다.

인생에서 가장 행복한 순간이 언제일까요? 바로 자신의 꿈을 이루는 체험을 할 때가 아닐까요? 도전하는 것을 주저하지 말고, 해낼 수 있다는 자기 확신과 도전 정신으로 앞으로 많은 사람들이 자신의 꿈을 이루어 갈 수 있었으면 좋겠습니다.

# 4차 산업 혁명 시대에 필요한 능력은 어떻게 키울 수 있는가?

4차 산업 혁명 시대에 발맞추기 위해서는 자존감과 공감 능력, 그리고 신뢰성, 도전 정신을 키워야 한다고 했습니다. 혹시 이를 위해 어느 학원에 다녀야 한다거나, 무슨 과외를 받아야 이 능력들을 키울 수 있는지 질문하는 분이 있지는 않겠지요. 너무나 당연하게도 이러한 능력들을 키워 주는 학원이나 과외는 존재하지 않습니다. 집중적으로 교육한다고 하더라도 육성될 수 있는 것도 아니지요. 그러면 어떻게 이러한 능력들을 키울 수 있을까요? 정답은 간단합니다. 스스로 찾아내는 것입니다. 즉, 가만히 두면 해결되는 것이 아니라는 말입니다. 반드시 노력해야 한다는 것이지요.

이 책을 읽는 분 중에는 아이를 키우는 부모님들이 많이 있을 것입니다. 자녀를 위해 사소한 것이라도 해 주고 싶은 마음일 텐데, 새로운 고민거리를 얹은 건 아닌지 걱정입니다. 저도 교육이나 심리 전문가가 아니어서 바로 해답을 드릴 수 없습니다. 하지만 한 가지 명확한 것은 자존감과 공감 능력, 신뢰성과 도전 정신을 가진 사람들에게도 몇 가지 공통된 특성이 있다는 점입니다. 지금부터는 다양한 사례를 살펴보면서 어떻게 4차 산업 혁명 시대에 필요한 능력을 키울 수 있는지 알아보겠습니다.

### 스스로 깨어날 때까지 기다려라

생명이 탄생할 때 가장 중요한 것은 적절한 시기를 기다리는 것입니다. 사람도 태어나려면 10개월을 기다려야 하고, 동물도 그렇습니다. 각각의 임신 기간에 맞춰 새끼가 나올 때까지 기다리지요. 이 이야기를 하는 이유는, 자존감과 공감 능력, 신뢰성과 도전 정신을 키우는 것도 때가 있다는 것입니다. 대개 초등학교 때부터 과외를 시키고, 중·고등학교 때에는 입시 교육에 매달리며, 대학교 때에는 취업을 위해 자신의 시간을 씁니다. 예전에 제 친구 중에는 사법 시험에 합격했다는 이야기를 듣자마자 또다시 학원을 간다고 하던 친구가 있었습니다. 이제 막 지긋지긋한 공부를 끝낸 사람이 다시 학원에 간다니, 선뜻 이해가 되지 않더군요. 그래서 어떤 학원이냐고 물어봤더니 '사법 연수원 대비 학원'이었습니다. 당시 농담인지 알고 별 반응을 안 했는데, 나중에 진짜 그 학원을 다닌다는 이야기를 듣고 놀란 적이 있습니다.

한평생 학원만 다니다 보면, 도대체 언제 자신의 진로와 꿈에 대해서 고민하는지 궁금합니다. 저는 군 복무 중에 저의 자아를 찾기 시작했습니다. 결국 뚜렷한 꿈이 생긴 것은 제대 후였던 스물세 살 때였습니다. 중·고등학교 때에는 이 세상에 왜 태어났는지, 왜 이렇게 생겼는지, 왜 성적은 계속 하위권인지 고민만 하던 콤플렉스 덩어리였지요. 그러다 성인이 된 후 입대하게 되었고, 군대에 적응하지 못해 여러 방황을 하다가, 그 시간을 저의 미래에 대해 진지하게 생각하는 시간으로 활용하기 시작했습니다. 다행스럽게도 저에게는 군대에서 보낸 26개월이 진로에 대한 고민을 하게 만들어 준 계기가 되었던 거지요.

이처럼 자신의 꿈을 키울 수 있는 시간을 갖는 것이 중요합니다. 외국에는 청소년들이 이러한 시간을 가질 수 있도록 한 학교가 있기도 하며, 아예 제도화한 국가도 있습니다. 덴마크의 에프터스콜레가 대표적인 사례입니다. 에프터스콜레는 기초 과정우리나라의 초등학교 6년, 중학교 3년, 고등학교 1학년까지를 포괄하는 과정을 졸업하기 전의 14~18세 학생들이 1년 정도 진로를 탐색하고 다양한 경험을 할 수 있는 기회를 제공하는 학교입니다. 외국어, 음악, 미술, 디자인, 연극, 영화, 스포츠, 항해, 여행, 국제 교류, 종교 등 매우 다양한 분야의 현장 교육을 진행합니다. 아이들이 자신의 진로를 고민하고 미리 경험할 수 있게 도와주는 것이지요. 참고로 에프터스콜레는 일종의 대안 학교이지만, 공립 학교와 동일하게 학력을 인증받습니다.

1960년에 영국에서 처음 시작된 갭이어gap year라는 제도도 있습니다. 고등학교를 졸업한 뒤 대학에 진학하기 전에 여러 활동을 경험하는 시간을 말하는 것입니다. 갭이어 기간에는 주로 봉사 활동이나 여행, 인턴, 창업, 교육 등 다양한 진로를 탐색하며 자신의 꿈을 찾는 시간으로 활용합니다. 아일랜드에서는 갭이어 제도를 본뜬 전환학년제Transition Year를 시행했으며, 이후 여러 유럽 국가들도 유사한 갭이어 제도를 도입했다고 합니다.[**] 유럽을 중심으로 자신의 진로를 충분히 생각할 수 있는 시간을 국가적으로 보장하고 있지요.

우리나라에서도 위와 비슷한 자유학기제가 도입되었습니다. 자유학기제는 중학교 과정 중 한 학기, 혹은 두 학기 동안 시험이나 경쟁 중심에서 벗어나 학생 참여형 수업을 실시하고 학생의 소질과 적성을 키울 수 있는 다양한 체험 활동을 중심으로 교육 과정을 운영하는 제도입니다. 오전에는 주로 국어, 영어, 수학, 사회, 과학 등 기존 교과 수업을 하고, 오후에 진로 탐색 활동, 주제 선택 활동, 예술 · 체육 활동, 동아리 활동 등이 이루어집니다.[***] 늘 학업으로

* 현병호, 「길 찾기를 도와주는 학교, 덴마크의 에프터스콜레」, 〈행복한 교육〉 2월호, 교육부, 2016년 2월.

** 다음백과 '갭이어' 참조.

*** 교육부 운영 자유학기제 홈페이지 www.ggoomggi.go.kr 참조.

바쁜 아이들이 자신의 진로에 대해 진지하게 생각하고 고민하고 진로를 찾는 시간을 가질 수 있게 학교에서 그 시간을 마련해 주는 것이지요.

위의 제도들의 공통점은, 부모가 자녀들의 진로를 선택해 주는 것이 아니라 아이들 스스로 자신의 진로를 고민하고, 숙성하기 위한 시간을 학교나 나라에서 보장해 주고 있다는 점입니다. 우리나라 부모님들의 교육 방식의 문제는 병아리가 알에서 깨어나는 것을 기다려 주지 않고, 밖에서 껍데기를 깨 주는 데 있지요. 스스로 나올 준비가 안 되었는데 억지로 세상에 나오게 하면, 그 병아리는 온전히 설 수 없습니다. 우리 아이들도 마찬가지입니다. 이런 교육의 방식을 근본적으로 변화시켜야 자존감과 공감 능력, 신뢰성과 도전 정신을 키울 수 있습니다. 즉, 스스로 설 수 있는 시간을 주어야 한다는 것입니다.

대학만 가면 모든 진로가 결정된다고 생각하는 것 역시 바람직한 생각이 아닙니다. 개인적으로 100세 시대인 요즘은 28~32세까지 충분히 자신의 진로를 고민한 후 진로를 결정해도 늦지 않다고 생각합니다. 저도 참여연대 입사를 목표로 삼은 것이 28세였고, 운좋게 1년 만에 입사할 수 있었습니다. 이 정도의 시간적 여유만 있어도 아이들이 진로 때문에 받는 스트레스나 조급함을 조금이나마 줄여 줄 수 있지 않을까요?

청년기에 방황하는 사람들을 많이 봅니다. 방황을 무조건 안 좋게 생각하는 분들이 간혹 있는데, 저는 오히려 방황을 깊고 철저히 해야 한다고 생각합니다. 청년기에 이런 시간을 보내는 것은 인생에 있어 보약과 같은 시간입니다. 불행히도, 청년기에 이런 과정을 거치지 않으면 40대가 넘어서 방황하는 시기가 옵니다. 훨씬 더 고통스럽고 어렵지요. 혹시 여러분의 자녀가 이런 시간을 보내고 있다면, 그냥 용돈이나 주면서 지켜봐 주면 됩니다. 그 시간을 지나야 진정한 인생이 시작되니까요.

최근 여러 분야에서 두각을 나타내는 청년들에게 그들 부모의 교육 방식을 물어보면 농담처럼 대체로 무관심했다는 대답을 많이 듣습니다. 제가 볼 때 그것은 무관심한 것이 아니라, 자녀가 스스로 설 수 있도록 기다려 준 것이라고 생각합니다. 때로는 기다려 주는 것이 더 힘들 수도 있습니다. 하지만 아이들이 급변하는 이 시대에 흔들리거나 좌절하지 않고 굳건히 설 수 있기를 원한다면, 조급해하거나 아이를 재촉하지 말고 뒤에서 지켜보며 묵묵히 기다려 주세요. 그래야 아이가 스스로 자존감을 찾을 수 있게 됩니다.

### 새로운 자극을 받아야 한다

4차 산업 혁명 시대에 필요한 능력을 키우기 위해서는 많은 자극이 필요합니다. 새로운 자극을 받을 수 있는 가장 쉬운 방법은 여행입니다. 특히 혼자 혹은 친구들과의 여행을 강력히 추천합니니다. 패키지여행 같은 것은 안 됩니다. 스스로 여행 목적을 세우고, 여행지를 선택하며, 많은 생각을 할 수 있는 시간이 있어야 하지요. 언어가 통하지 않은 유럽이나 남미 같은 나라를 선택한다면 금상첨화일 것입니다.

여행 가는 것은 어릴 때일수록 좋다고 생각합니다. 저도 아이들이 고등학교를 입학하거나 성인이 되면 여행을 떠나 보라고 권하려고 합니다. 배낭 하나를 가지고, 외국 골목골목을 다니며 새로운 친구들을 사귀면, 그들의 문화를 배울 수 있는 동시에 멋진 추억도 만들 수 있으니까요. 기회가 된다면 해외에서 아르바이트를 하는 것도 추천해 주고 싶습니다. 새로운 문화를 경험할 수 있는 소중한 시간이 될 수 있기 때문이지요.

인생과 여행은 비슷한 점이 많습니다. 앞을 전혀 예측할 수 없어 걱정되고 두렵지만, 재미있는 일들이 다가올 것이라는 기대와 설렘 또한 생기지요. 최근 유독 눈에 띄는 활동을 하는 후배들을 보면, 대부분 여행을 많이 다녔다는 공통점을 가지고 있더군요. 여행이라는 새로운 자극을 많이 받은 덕분인지 그 친구들은 대개 새로운 환경에 적응을 빨리 잘하는 특징이 있었습니다. 무엇이 어떻게 변할지 모르는 요즘 시대에 적응력이 좋다는 것은 큰 경쟁력이 될 수 있습니다.

여행뿐만 아니라 독서, 음악, 영화 등을 통해서도 다양한 자극을 받을 수 있습니다. 가끔 한 권의 책이 진로를 결정하기도 하고,

우연히 들은 노랫말이 꿈을 꾸게 만들기도 하며, 가슴을 울린 영화 한 편으로 큰 위로를 받기도 하지요. 저도 군 복무 시절 병장 휴가 중에 집에서 보았던 영화 〈쇼생크 탈출〉을 잊을 수 없습니다. 영화 속 등장인물인 브룩 하트렌은 종신형을 선고받고, 교도소에서 무려 50년이라는 세월을 보낸 노인입니다. 그러던 어느 날, 브룩은 어찌 된 일인지 형 집행 정지가 결정되어 가석방 허가를 받습니다. 그러나 브룩은 새로운 세상으로 나가야 한다는 두려움에 교도소에 남고 싶다며 인질극을 벌이는 등 소동을 피우지요. 이 장면을 보며 얼마나 울었는지 모릅니다. 당시 저도 그렇게 싫어하던 군대에서 제대하는 것을 두려워하고 있었거든요. 나와 같은 이유로 힘들어하는 사람이 세상에 또 있을지도 모른다는 생각이 들면서 엄청난 위로를 받았지요.

우리 아이들이 영화와 책만 보고 학업에는 열심히 하지 않는다고 걱정하는 부모들이 많습니다. 저는 그분들께 전혀 걱정하지 말라고 말하고 싶습니다. 무엇이든 몰입을 했다는 것은 인생을 살아갈 재미를 찾았다는 의미이니까요. 공부는 늦게라도 할 수 있습니다. 오히려 인생의 재미를 찾는 것이 우선이지요. 주위에 공부에는 흥미를 느끼지 못하고, 영화나 독서, 악기 연주 등에 빠져 있던 사람이 있다면 떠올려 보세요. 돈을 많이 버는지는 모르겠지만, 아마 풍성한 인생을 즐기고 있을 가능성이 높습니다. 인생의 재미는 돈이 아닌 자신의 만족일 테니까요.

### 민주주의 현장을 보여 주어라!

2016년, 모두가 한마음이 되어 촛불을 밝혔던 때를 기억하나요? 수백만 명의 사람들이 촛불을 들고 전국 곳곳에 모였지요. 저도 광화문 집회에 참석했었는데, 아이들과 함께 집회에 나와서 거리 행진을 하는 가족들의 모습을 많이 보았습니다. 이렇게 부모들이 아이와 함께 집회에 참석하는 것은 공감 능력을 키우는 방법 중 가장 효과적인 방법이라고 생각합니다.

제가 어렸을 때는 군사 정권 시절이었습니다. 당시 저희 집은 대구에 있는 경북대학교 근처에 있었는데, 시위가 잦아 매일 최루탄 냄새를 맡고 살았던 기억이 생생합니다. 최루탄 가루가 흩날리는 거리, 시위대를 진압하려는 사복 경찰들이 가득 찬 길거리가 익숙했지요. 대구 시내에 있는 중학교에 진학했을 때에도 마찬가지였지요. 학교가 있던 그곳은 계명대학교 대학생들이 수시로 집회를 하던 곳이었어요. 이때는 어려서 시위의 본질을 잘 몰랐지만, 2016년 촛불집회에 참가하면서 자연스레 그때가 떠오르더군요. 그리고 민주주의를 위해 당시 청년들이 그렇게 열심히 싸웠다고 생각을 하니, 그 기억들이 다시 조합되는 느낌을 받았습니다. 어릴 때 기억은 오래간다는 말이 새삼 가슴에 와닿았습니다. 감동이 늦게 오기는 했지만, 늦은 만큼 제가 받은 감동은 배가되었던 것 같습니다. 이러한 경험을 직접 해 보았기 때문에 더욱더 아이들을 민주주의 현장에 데려가라고 권하고 싶습니다.

특히 집회는 민주주의에서 소수자들의 목소리를 직접 듣고 체험함으로써 공감 능력을 키울 수 있는 좋은 기회가 될 것입니다. 집회가 언제 어디서 열리는지 몰라서 못 가는 분들도 있는데, 광화문 일대에서는 주말마다 다양한 집회가 개최되고 있습니다.

그 밖에 다른 민주주의 현장에는 어떤 것들이 있을까요? 우선 민주주의의 꽃인 선거가 있지요. 투표 현장에 아이들을 데리고 가서 왜 투표를 하는지, 투표 후 지방 자치 단체장들이 어떻게 바뀌는지 설명해 주면 아마 오랫동안 선거의 중요성이 머릿속에 남을 것입니다.

국회의사당도 좋습니다. 국회에서는 어떤 일을 하는지, 국회는 어떻게 구성되어 있는지 등을 알려 주고, 우리 동네를 대표하는 국회의원이 누구인지, 우리 동네를 위해 무슨 일을 하는지 아이들에게 보여 주는 것이지요. 또한 의원 사무실에 미리 요청을 해 아이들과 함께 한번 방문해 보세요. 의외로 국회의원들은 주민들이 오는 것을 반긴답니다. 자신이 의정 활동을 열심히 해서 지지 방문을 온다고 생각하거든요. 국회의사당 앞에 잔디 마당이 있어, 나들이 겸 견학을 하면 아이들도 좋아할 것입니다.

공부는 책으로만 할 수 있는 것이 아닙니다. 사회 교과서에서 민주주의를 배우는 것보다, 직접 눈으로 보는 것이 훨씬 더 효과적이지요. 게다가 우리가 살아가면서 꼭 알아야 하는 것, 배워야 하는 것들 중에는 교과서에 나오지 않는 것들도 분명 있습니다. 공감 능력을 키우기 위해서라도 민주주의만큼은 직접 체험해 보고 몸소 느끼면 좋겠습니다.

### 즐겁고 마음이 가는 것을 찾아라

인생을 살다 보니, 자신을 즐겁게 해 주는 것이 무엇인지 아는 것이 얼마나 중요한지 깨닫게 되었습니다. 사람은 누구나 스트레스를 받으면서 살아갑니다. 취미나 좋아하는 일은 이 스트레스를 해소해 주는 것은 물론, 제가 계속해서 강조하고 있는 4차 산업 혁명 시대에 필요한 능력들을 키울 수 있게 도와주기도 합니다.

저는 글쓰기를 좋아합니다. 그래서 스트레스를 받았을 때 글을 쓰며 스트레스를 해소하지요. 앞서 언급했듯이, 저는 군대와 대학교에서 다양한 책을 읽었습니다. 심지어 소설의 경우 집중해서 읽으면 하루에 두 권을 읽기도 했습니다. 대학에 다닐 때에는 금요일에 수업이 없어, 도서관 정기 간행물 코너에 비치된 잡지를 온종일 읽었던 것 같아요. 그렇게 좋은 글을 찾아서 읽다 보니 직접 글을 써 보고 싶다는 욕구가 들었습니다. 사실 제가 제대로 글을 쓸 수 있을까 하는 생각이 잠시 들기도 했었습니다. 하지만 막연한 두려움 때문에 해 보고 싶은 것을 하지 않는 것은 아니라고 생각했습니다. 그래서 자주 읽던 월간지 〈말〉과 〈인물과 사상〉에 기고를 해 보았습니다. 저에게 있어서 나름의 도전이었지요. 제가 기고한 글은 독자 투고란에 실렸습니다. 글이 처음 실렸을 때의 그 느낌은 정말 특별했습니다. 새롭게 도전한 일의 결과물이 눈앞에 펼쳐진 것이니까요. 두 잡지가 월간지라서 글이 실리면 한 달 내내 기분이 좋았습니다. 잡지를 매일 들고 다니며 친구들에게 자랑하기도 했지요.

이후 꾸준히 글을 쓰다 보니 할 말이 많아졌고, 원고지 15매에서 20매가량 되는 글들을 보내기 시작했습니다. 책을 읽으면 글이 쓰고 싶고, 글을 쓰다 보면 더욱 좋은 글을 접하고 싶어 책을 읽었습니다. 묘한 반복이지요. 이런 재미를 느껴 보면 몰입의 세계를 알게 됩니다. 그러면 정말 깊이 책을 읽고 글을 쓸 수 있게 되지요.

그러던 어느 날은 한 잡지사에 원고지 20매 분량의 꽤 긴 글을 보냈습니다. 짧은 글을 반복해 쓰다 보니 저의 주장이 점점 풍족해졌던 것이지요. '히딩크와 김대중의 공통적 운명'이라는 제목으로, 히딩크 전 축구 감독과 김대중 전 대통령이 매우 흡사한 처지에 있음을 보여 주면서 언제까지 우리의 현실을 지도자에게 돌릴 것인지에 대한 의문을 제기한 글이었습니다. 꽤 공을 들인 글이라 독자 투고란에 전문이 다 실린 것을 확인하고 얼마나 기뻐했는지 기억이 납니다.

그런데 며칠 후, 놀라운 일이 일어납니다. 당시 최고의 라디오 프로그램이었던 〈배철수의 음악캠프〉에서 제 글을 소개한 것이지요. 그때 배철수 씨가 직접 좋은 글을 선별해서 읽어 주는 '철수 생각'이라는 코너가 있었는데, 거기서 배철수 씨가 제가 기고했던 글을 읽어 준 것입니다. 주변에서 난리가 났습니다. 친구들에게 격려 전화도 오고, 잘 들었다고 칭찬해 주더라고요. 매우 잘 쓴 글은 아닐지 모르겠지만, 그저 글 쓰는 것이 좋아 내 생각을 담아 차근히 글을 써 내려간 것뿐인데 이렇게 큰 기쁨을 느낄 수 있다는 사실에 놀랐습니다. 그 이후 글쓰기는 제 취미 활동이 되었고, 스트레스를 받을 때면 글을 쓰는 습관이 생겼습니다.

글쓰기는 저에게 많은 변화를 주었습니다. 우선 가장 좋은 점은 도전 정신을 갖게 하고 자존감이 높아지는 데에 도움을 준 것입니다. 처음 기고를 하기 전에는 제가 글쓰기 강의를 듣거나 전문적으로 배운 것도 아니고, 전업 작가도 아닌데 좋은 글을 쓸 수 있을까 망설였습니다. 그러나 처음부터 잘하는 사람은 거의 없을뿐더러, 시작하지 않으면 실력이 나아질 수도 없지요. 또한 하고자 하는 것을 하지 않는다면 계속해서 미련만 남았을 것입니다. 저는 분명 얻는 것이 더 많다고 판단했고, 해 보지 않았던 일에 과감히 도전하기로 했습니다. 그 덕에 글쓰기에 대한 걱정과 두려움이 사라지고 글쓰기라는 소중한 취미가 생기게 되었지요. 이후 〈오마이뉴스〉 〈프레시안〉 〈주간경향〉 〈경향신문〉 〈한겨레〉 등 언론사 이곳저곳에 계속 기고를 했고, 여러 군데에 제 글이 실렸습니다. 특히 〈경향신문〉의 '내 인생의 책'이라는 코너에 5회 연속 기고하는 영광을 얻기도 했습니다. 글쓰기라는 좋아하는 일을 하는 것만으로도 자연스럽게 자존감이 커지는 경험을 하게 된 것이지요.

두 번째로 글을 쓰면 생각이 분명해진다는 것입니다. 어떤 주제를 가지고 글을 쓰기 시작하면 그에 대한 자기 생각을 정리해야 하고, 보다 논리 정연하게 전달하기 위해 공부를 하게 되지요. 이 과정을 반복하게 되니 뚜렷한 주관을 가질 수 있게 되는 동시에, 관련 지식을 한층 더 깊게 얻을 수 있어 직업적으로 하는 강연에도 큰 도움이 되더군요.

다음으로 책을 쓸 수 있는 기회가 생긴다는 것입니다. 2016년에 제가 썼던 『대통령 기록전쟁』은 〈오마이뉴스〉와 〈프레시안〉에 꾸준히 글을 쓰지 않았으면 집필하는 데에 어려움을 느꼈을 것입니다. 책을 쓴다는 것은 참으로 흥미로운 일입니다. 제 책을 읽었던 사람들과 만나 이야기를 나눌 수도 있고, 제 수업을 듣는 학생들에게 수업 시간에 저자 사인을 요청받는 특별한 경험을 하게 만들어 주기도 하지요. 게다가 부수입도 생깁니다. 자기가 좋아하는 일을 하면서 수입까지 얻을 수 있다니, 더욱 신나지 않습니까? 책을 쓰는 것이 즐거워 벌써 단독 저서가 두 권, 공저가 두 권이나 생겼습니다.

저처럼 인생에 커다란 변화를 줄 수 있는 취미를 만들기 바랍니다. 취미 만들기가 어렵다면 자신이 좋아하는 일이 무엇인지 반드시 찾아보기 바랍니다. 무엇이든 상관없습니다. 제 친한 동료들은 밴드 활동을 하는데, 1년에 수차례 지인들을 초대해 공연합니다.

보컬, 베이스, 전자 기타, 드럼을 치고 있는 모습을 보면 그 시간을 정말 즐기고 있다는 것이 느껴집니다. 어떤 지인은 시간이 날 때마다 산에 오른다고 하더군요. 산에 올라 이런저런 생각을 하면 고민도 많이 해결되어 마음이 한결 가벼워진다고 합니다. 여러분도 자신이 좋아하는 일을 찾아 몰입해 보기 바랍니다. 그것이 인생을 살아가는 데에 위안이 되기도 하고, 활기를 되찾아 주기도 할 것입니다.

요즘 취미나 좋아하는 일을 살려 직업으로 삼는 사람들도 늘어나고 있습니다. 제 주변에서 이런 삶을 살고 있는 사람들의 사례를 몇 가지 소개해 보도록 하겠습니다. 여행을 좋아하던 한 선배는 어머니와 함께 어르신 전문 여행사를 운영하는 동시에, 주말마다 트레킹을 소개해 주는 여행사도 별도로 운영하고 있습니다. 여행을 취미 생활로 즐기다가, 여행사를 직접 운영하는 사례이지요. 저도 선배가 운영하는 여행사를 통해 여행을 몇 번 가 보았는데, 쇼핑 위주의 여느 패키지여행과는 비교할 수 없을 정도로 훌륭한 경험이었습니다. 자신이 좋아하는 여행을 직업으로 삼은 만큼, 많은 사람들이 여행의 즐거움을 알게 되었으면 하는 선배의 마음이 느껴졌습니다.

좋아하는 활동을 함으로써 본 직업이 있지만, 다른 직업으로 더 유명해진 사람도 있습니다. 〈오마이뉴스〉 교육 전문 기자로 활동하는 윤근혁 씨는 원래 초등학교 선생님입니다. 초등학교에서 아이들을 가르치면서, 때로는 휴직을 하면서 기자로 활동을 하는데, 얼마나 열정적인지 〈오마이뉴스〉에서 주는 각종 특종상을 자주 받는 기자로 유명하지요. 윤근혁 씨는 교육 현장에 있다 보니 누구보다 교육 문제에 관심이 많고, 또한 전문성까지 갖추고 있으니, 꾸준한 글쓰기로 특종 기사를 쓸 수 있었던 것입니다. 자신의 문제의식을 언론사를 통해 외연화하면서 수많은 교육 문제를 개선할 수 있었습니다.

비슷한 사례는 또 있습니다. 최병성 씨의 원래 직업은 목사이지만, 환경 활동가 및 〈오마이뉴스〉 기자로 활동을 했지요. 최병성 씨는 환경 운동을 하는 이유에 대해서 물고기도 맑은 물을 먹을 권리가 있다고 역설합니다.* 지구는 인간만의 것이 아니라 모든 생명이 공존해야 하는 곳이라는 것입니다. 최병성 씨에게 환경 운동은 목회 현장인 것입니다. 이분은 쓰레기 시멘트 이슈, 4대강 피해에 대한 문제 제기를 지속적으로 하고 있습니다. 최병성 씨의 활동으로 환경 분야에 다양한 문제점이 세상에 드러나기도 했습니다.

그리고 제가 좋아하는 장강명 작가는 기자라는 안정적인 직장을 그만두고 작가로 전직을 한 경우입니다. 작가의 특성상 고정적인 수입을 얻기 어려움에도 자신이 좋아하는 일을 선택한 것이지요. 좋아하는 일을 하기 때문일까요? 장강명 작가는 최근 엄청난 베스

* 최유리, 「한국 교회, 이제 '환경 선교사' 만들어야죠」, 〈뉴스앤조이〉, 2017년 5월 14일.

트셀러들을 계속 만들고 있습니다.

이러한 사람들이야말로 4차 산업 혁명의 인재군이라고 생각합니다. 4차 산업 혁명 시대에는 세상이 빛의 속도로 변할 것입니다. 살아남을 직업이 있는가 하면 사라질 직업도 생기겠지요. 100세 시대가 되었지만 정년은 60세인 현실 속에서 지금 하고 있는 직업 자체가 사라진다면 어떻게 될까요? 생각만 해도 끔찍하지 않습니까? 한 가지 직업만으로는 미래를 보장하기 힘듭니다. 그러니 새롭게 변화할 세상을 인식하고 자신이 가진 것을 활용해 새로운 환경에 잘 적응하는 태도가 필요하지요. 그러기 위해서는 먼저 이들처럼 자신이 좋아하는 일을 찾아 몰입해 보기 바랍니다. 그러면 자신의 취미나 좋아하는 활동을 단순히 즐기기만 하는 것을 넘어, 또 하나의 직업으로 활용할 줄 아는 능력을 지닐 수 있게 될 것입니다.

## 직업 선택을 위해 준비해야 할 것들

지금부터는 4차 산업 혁명 시대에 어떤 직업을 선택하고 어떻게 준비해야 하는지에 대해 알아보도록 하지요. 직업을 가지고 있는 분들 중에도 제2의 직업으로 어떤 것을 선택해야 할지 고민하고 있는 사람이 있을 것이며, 10~20년 후 우리 아이들이 좋은 직업을 가지기 위해 어떤 준비를 해야 하는지 걱정인 분들도 있을 것입니다.

사실 4차 산업 혁명 시대에 성장할 직업과 쇠락할 직업이 무엇인지에 대해 이야기하는 것은 매우 어려운 일입니다. 미래는 아무도 장담할 수 없는 부분이니까요. 그러나 분명한 것은 과거의 기준으로 직업을 준비하고 선택하는 것은 매우 위험하다는 것입니다. 과거의 기준은 무엇이었습니까? 직업보다는 직장을 더욱 중요하게 생각했습니다. 우선 안정적으로 정년을 맞이할 수 있고, 적절한 월급과 명예를 보장받을 수 있는 곳이 인기 직장이었지요. 아무리 좋은 기술을 가지고 있어도, 공무원이나 대기업에 다니는 것을 더 자랑스러워했습니다. 준비 과정도 비교적 명확했습니다. 좋은 대학에 입학해 토익이나 토플에서 높은 점수를 받거나, 고시 공부만 하면 되었지요.

그러나 앞으로는 직업을 준비하는 과정이 단순하지 않을 것입니다. 예를 들어 사람들이 선호하는 대기업의 채용은 점차 줄어들 수밖에 없습니다. 앞으로 회사에서의 일상적인 업무 처리는 인공 지능에 의존할 테니까요. 이렇게 대기업은 고용 인원을 계속 줄여 나갈 것이며, 인공 지능이 접근하지 못하는 기술력과 노하우가 필요한 업무는 비용을 줄이기 위해 아웃소싱할 가능성이 높습니다. 즉, 한 기업에서 정년을 맞이할 수 있는 사람의 수는 점점 줄어들 수밖에 없는 것이지요. 안정적인 월급만을 보장해 주는 대기업이 결코 좋은 직업이 아닐 수 있다는 뜻입니다. 언제든지 해고나 명예퇴직의 대상이 될 수 있고, 그 이후에는 막막한 노후가 기다리고 있겠지요.

여기서 어려운 문제가 발생하는 것입니다. 과거에는 대기업이라는 직장만을 보고 취업 준비를 하면 되었는데, 이제는 새로운 목표를 세우고 끊임없이 기술을 개발해야 합니다. 그러니 지금부터 이를 위해 철저한 준비를 해야 합니다. 세상의 변화에 맞게 각종 정보를 취합하며, 변화에 맞는 기술 개발과 자기 변신이 필요합니다. 취업을 위해 시험만 준비하는 것은 과거의 문화입니다. 그러면 앞으로 직업 선택을 위해 알아야 할 개념과 준비해야 할 것들에는 무엇이 있는지 살펴보겠습니다.

### 그레이칼라gray collar 시대를 준비하라

제품 생산과는 직접 관계가 없는 관리직이나 사무직에 종사하는 사람들을 흔히 화이트칼라white collar라고 부릅니다. 작업복이 아닌 하얀 셔츠를 입고 일하기 때문에 생겨난 용어이지요. 제품을 생산할 설비를 갖추고, 생산하고 가공하는 일을 하는 노동자 집단인 블루칼라blue collar와는 달리, 화이트칼라는 생산한 제품을 홍보하거나 판매처를 확보하고, 수입과 지출을 관리했습니다. 블루칼라는 현장에서 온종일 육체노동을 통해 힘들게 제품 생산에 매달리는데, 화이트칼라는 상대적으로 깨끗한 사무실에서 고급 업무를 한다는 인식이 있었습니다. 그래서 우리 부모 세대들은 큰 회사에서 화이트칼라로 일하는 것을 매우 자랑스러워했지요.

그러나 인공 지능의 등장으로 화이트칼라가 설 자리가 없어지고 있습니다. 홍보, 회계, 서류 작성 등 일상적인 업무는 인공 지능이 대체하거나 외부로 위탁할 가능성이 커졌습니다. 화이트칼라가 처리하는 업무 중 하나인 금융 업무도 이제는 과거의 문화로 바뀌고 있습니다. 스마트폰이나 컴퓨터로 각종 은행 업무를 간단히 해결할 수 있으며, 블록체인Block Chain 기술로 수억 원대의 제품값을 안전하게 거래할 수 있는 시대가 되었기 때문이지요.

블록체인은 비트코인이라는 가상 화폐 때문에 국내에 알려졌습니다. 블록체인이란 거래 내역이 사용자마다 전송되어 참여자들이 해당 거래의 타당성 여부를 확인할 수 있는 기술을 말합니다. 쉽게 말해 과거에는 은행 및 공공 기관 중심으로 거래가 이루어졌다면, 이제는 개인 간의 거래도 블록을 형성하면서 안전하게 거래 장부를 만들어 준다는 이야기입니다. 이런 기술이 발전하면 할수록 자연히 은행 및 수출입 업무를 담당하는 화이트칼라의 입지가 점차 좁아지게 되겠지요.

그러면 미래에는 어떤 직업 형태가 주목받을까요? 여기서 등장하는 말이 그레이칼라입니다. 기술의 혁신과 발전으로 사무의 시스템 및 자동화가 되었고, 화이트칼라와 블루칼라의 구별이 무의미해지면서 생겨난 개념입니다. 쉽게 말해 글을 쓰는 작가도 컴퓨터의 기능을 잘 알아야 효율적인 글쓰기가 가능하다는 것이지요. 사무직 직원들도 엑셀, 파워포인트, 포토샵, 동영상 제작 기술을 알아야 하며, 컴퓨터가 문제를 일으키면 고칠 수 있는 기술을 가지고 있어야 합니다. 이런 활용 능력이 많을수록 자신의 노동 가치가 높아지겠지요.

만약 개인이 스타트업을 시작하려 한다면, 그레이칼라 노동은 더욱 필수적입니다. 사무실 계약, 기자재 구매, 법인 신고, 매출 및 세금 신고, 협력 기업들의 기술력 파악 등 사실상 회사 운영과 관련된 모든 것을 알고 시행할 수 있어야 합니다. 이제는 고등학교 때 구분했던 문과·이과 개념도 불필요해지고 있고, 기술직과 사무직의 경계도 모호해지고 있습니다. 개인이 기술 생산, 홍보, 판매, 매출 관리까지 다 해야 하는 시대가 온 것이지요. 그러니 기술력과 경영학적 능력을 함께 갖추고 있어야 합니다. 게다가 사람을 이해하는 인문학적 식견까지 가지고 있다면 더할 나위 없겠지요. 개인적으로 어떤 한 기능만 강조되는 직업군에 종사하는 노동자들은 제2의 직업을 선택할 때에 큰 어려움을 겪을 것이라 예상합니다.

사실 최근 생겨나고 있는 직업 대부분은 그레이칼라 노동자를 필요로 합니다. 그레이칼라가 주목받는 시대가 온 것이지요. 화이트칼라와 블루칼라가 명확히 구분되는 직업은 조만간 쇠퇴할 분야일 가능성이 높습니다. 따라서 직업을 선택할 때 그레이칼라인지 확인하고, 그것에 맞는 기능을 훈련해야 합니다. 또한 경영학 및 인문학 소양이 뛰어난 사람도 인공 지능과 기계와 친할 수 있도록 준비해야 합니다. 스마트폰에서 혁신적으로 발전하고 있는 각종 앱은 혁신적인 기술뿐만 아니라 사람을 깊이 이해하는 사람들이 주도하고 있습니다. 과거처럼 문과, 이과로 이분하던 사고를 버리고, 스스로 부족한 점을 인식하고 공부해야 좋은 직업을 가질 수 있습니다.

최근 청년들의 실업률이 큰 문제가 되고 있습니다. 통계청이 발표한 2014~2017년 경제활동인구조사에 따르면, 청년층(15~29세) 실업률이 2014년 9%, 2015년 9.1%, 2016년 9.8%, 2017년 9.8%로 증가 추세를 보이고 있습니다. 게다가 2018년 3월부터 5월에는 실업률이 10%를 넘기도 했습니다.* 매우 우려되는 수치이지요. 아울러 학교를 졸업하거나 중퇴한 청년층 중 단순 노무에 종사하는 청년은 지난 2018년 5월을 기준으로 약 25만 3,000명이나 됩니다. 이는 2014년과 비교해서 6만 3,000여 명이나 늘어난 것입니다. 통계 분류상 '단순 노무'는 막노동이나 주유, 음식 배달 등을 말합니다.**

반면 중소기업은 적절한 사람을 구하지 못해서 힘들어하고 있습니다. 강원도 중소기업 종사자, 경제 기관 및 단체의 대표, 연구가 103명을 대상으로 '지역 경제 성장과 기업 경영의 최대 걸림돌'에 대해 조사한 결과, 인력 확보난이 39.8%로 가장 높게 나타났습니다. 다음으로 판로·마케팅 취약이 36.9%, 교통망 부족 및 물류비 과다가 11.7%, 경영 자금 부족이 5.8%순이었습니다.***

이는 우리 사회가 전통적으로 대기업만을 선호해 빚어진 현상입

* 통계청 홈페이지 경제활동인구조사 참조.

** 박종완, 「막노동·배달 뛰는 청년 25만 명 넘었다」, 〈경남도민일보〉, 2018년 7월 24일.

*** 신하림, 「기업 규모·업종 불문 고용난」, 〈강원일보〉, 2018년 5월 8일.

니다. 처음부터 급여는 높고, 모든 것이 갖춰진 안정적인 메이드 기업을 선호하는 것이지요. 하지만 대기업은 과거의 문화입니다. 한 건물에 모든 부서가 모여 같은 시간에 일하는 것이 분명 예전에는 효율적이었습니다. 모든 부서가 유기적으로 연결되어 있고, 부서 간 협조가 필수적이었으니까요. 그러나 하나 간과하고 있는 점이 있습니다. 대기업이라는 문화가 만들어졌을 당시에는 이메일, 메신저, 스마트폰이 없었다는 점입니다. 오직 유선 전화로 통화할 수밖에 없었고, 대면 결재만이 가능한 시대였던 것이지요.

물론 지금도 공공 기관, 병원, 제조업, 판매업 등 사람이 모여 있어야 효율적인 직업들도 있습니다. 하지만 일하는 방식이 매우 비효율적인 업무 방식을 고수하고 있다는 것은 부인할 수 없는 사실입니다. 가끔 고위 공무원들과 면담을 하다 보면, 밖에서 부하 직원들이 상관의 결재를 맡기 위해 줄을 서서 기다리는 풍경을 볼 수 있습니다. 모든 공공 기관에 전자 결재 시스템이 있음에도 과거의 습관을 버리지 못하고 있는 것이지요. 미래에는 이런 거대한 조직은 점점 사라질 것입니다. 사이버 세계가 완벽하게 갖춰진 세상에서는 사람들이 더 이상 모여서 일할 필요가 없을 테니까요.

대기업은 앞으로 어떻게 변화될까요? 향후 대기업은 인력을 줄이거나 분사를 통해 조직 규모를 축소해 나갈 것입니다. 생산적인 일은 거의 자동화에 의지할 것으로 예상됩니다. 그런데도 사람의 손길이 필요하다면 인건비가 싼 나라에 공장을 세우겠지요. 일례로 삼성전자는 최근 인도 우타르프라데시주의 산업 도시 노이다에 세계 최대 규모의 휴대 전화 생산 공장인 삼성전자 노이다 제2공장을 설립했습니다. 삼성전자는 이 공장 설립을 위해 약 8000억 원을 투자했고, 그 결과 휴대 전화 생산량을 2020년까지 연간 1억 2000만 대까지 늘린다는 계획을 발표했지요.* 이처럼 인건비가 비싸고 공장에서 일하는 것을 꺼리는 한국에서는 대규모 생산 시설 및 이를 관리할 조직을 축소하고 있는 것이 현실입니다. 앞으로 계속해서 베트남, 방글라데시, 인도 등 인건비가 저렴한 나라에 공장이 세워질 것입니다.

또한 일반 사무는 인공 지능이 처리하게 될 가능성이 큽니다. 그러면 안정적이라고 믿었던 대기업에서도 정년을 보장받기 어려워지겠지요. 정년까지 일을 한다고 하더라도 문제입니다. 우리나라 직업의 정년은 대부분 60세입니다. 특수 직업인 교수, 판사, 검찰총장이 65세이고, 대법원장 및 대법관, 목사가 70세입니다. 60세 정년은 남성 평균 수명이 70세가 되지 않았을 때 만들어진 제도입니다. 2016년 한국인의 기대 수명은 82.4세이었지만, 평균 수명은 급격하게 늘어나 곧 100세 시대를 앞두고 있지요. 사고, 자살 등 큰 문제가 없다면 우리 아이들은 적어도 80세 이상 살 수 있다고 봐야 할 것입니다. 이 말은 일부 특수한 경우를 제외하고는 정년퇴직 후

* 정의식, 「삼성전자, 인도에 세계 최대 휴대폰 공장 지은 이유」, 〈CNB저널〉, 2018년 7월 12일.

직업 없이 20~30년을 살아야 한다는 뜻이 됩니다. 우리가 반드시 제2, 제3의 직업을 가져야 하는 이유이지요.

결론적으로 대기업에 취업하는 것도 어려워지고, 취업하더라도 은퇴 후 새로운 직업을 가지기 어려운 실정입니다. 대기업에서는 전체를 아우르는 기술을 익히지 않습니다. 사실 그 속에서 우리는 거대한 기계를 이루는 하나의 부속품과 다르지 않지요. 그러므로 대기업에서의 경험만을 가지고 다른 분야에 적용한다면 거의 쓸모없습니다. 이런 흐름에도 대기업 입사만을 최종 목표로 설정하고 인생을 설계하는 것은 결코 합리적이거나 지혜로운 방법이 아닙니다. 향후 필요한 것은 메이드된 기업이 원하는 스펙이 아니라, 작은 기업 혹은 스타트업을 키워 나가는 프런티어 능력입니다. 한번 조직을 만들어 본 경험이 있는 사람은 다른 일들도 쉽게 해낼 수 있습니다. 그러므로 직업을 선택할 때는 메이드된 기업인지 아닌지를 보는 것이 아니라, 프런티어 능력을 키울 수 있는 곳인지를 고려해야 합니다.

### 새로운 직업new job에 주목하라

4차 산업 혁명에 어떤 분야, 어떤 직업에 주목해야 하는지 감을 잡기 위해서는 앞서 일어난 산업 혁명으로 변화한 시대 상황을 참고하는 것이 중요합니다. 우선 산업 혁명이란 무엇일까요? 간단하게 말하자면, 기술 혁신으로 인해 산업 구조가 바뀌는 것을 이야기합니다. 학자들에 따르면 세계는 세 번의 산업 혁명을 경험했다고 보고 있지요.

먼저 1760~1820년에 일어난 1차 산업 혁명은 증기 기관으로 상징되는 기계화를 의미합니다. 우리나라의 경우 1960년대 정도로 보는 것이 적당할 듯합니다. 1차 산업 혁명부터 대량 생산이 가능해지고, 증기 기관차로 인해 원거리 무역도 이루어졌습니다. 그러나 기계로 인해 상품이 대량 생산되면서 많은 가내 수공업자들이 일자리를 잃거나 공장의 노동자로 취직을 하게 되지요. 쉴 새 없이 작동하는 기계에 맞춰 일할 노동자의 수가 더욱 많이 필요하다 보니, 임금이 싼 어린이와 여성들에게까지도 주당 50~60시간의 노동을 시키기도 했습니다. 이렇듯 1차 산업 혁명은 대량 생산을 통해 생산 과정의 효율성을 선물로 주었지만, 이면에는 엄청난 인권 파괴 현상을 일으켰지요. 이러한 문제로 러다이트 운동Luddite Movement이 일어나기도 했습니다. 러다이트 운동이란 경제 불황, 임금 하락, 고용 감소, 실업자 증가 등의 모든 사태의 원인이 기계에 있다고 보고, 노동자들 중심으로 일어난 기계 파괴 운동입니다. 이때부터 노동 운동이 활발해지면서 노동조합이 생겨나기 시작한 것이 1차 산업 혁명의 하나의 특징이라고 볼 수 있습니다.

2차 산업 혁명 시기는 전기를 기반으로 한 중화학 기술이 보급되던 때를 의미합니다. 컨베이어 벨트로 상징되는 대량 생산, 자동화가 2차 산업 혁명의 가장 큰 특징이지요. 미국, 유럽에서는 2차 산업 혁명이 19세기에서 20세기 초에 시작되었다고 보고 있지만, 2차 산업 혁명을 경험한 시기는 국가별로 상이해서 시기를 특정하기가 쉽지 않습니다. 우리나라는 1970년 이후라고 생각하면 적당할 것 같습니다. 1978년, 우리나라에 최초의 원자력 발전소인 고리 원자력 발전소 1호기가 준공됩니다. 이후 전기를 안정적으로 공급할 수 있었고, 그 결과 중화학 공장을 본격적으로 설립 및 가동하기 시작했습니다. 이때부터 일자리를 구하기 위해서 도시로 사람들이 몰려들었고, 그에 따라 농촌에는 젊은 사람들이 줄어들고 점차 황폐해졌지요. 또한 공장에서 버리는 각종 오염 물질 때문에 환경 오염이 시작되었다고 보고 있습니다.

컴퓨터의 보급으로 인해 지식 정보 혁명이 일어나는데, 이것을 우리는 3차 산업 혁명이라고 이야기합니다. 우리나라의 경우, 특히 1990년대 후반에 거세게 불었던 '닷컴 열풍'으로 인해 네이버, 다음 등 새로운 대기업들이 출연하기도 했지요. 3차 산업 혁명 시대에 수많은 직업이 생겨났습니다. 대부분 기업은 홈페이지를 만들기 시작했고, 사람들은 컴퓨터를 통해 소통하기 시작했습니다. 당시 PC 통신이 보급되면서 천리안, 하이텔의 동호회가 폭발적으로 증가했지요. 대학은 발 빠르게 전산학과나 컴퓨터학과를 신설했으며, 그 수요는 가히 폭발적이었습니다. 또한 이때부터 발전하기 시작한 온라인 쇼핑몰은 지금도 매년 성장하고 있는 분야입니다.

우리나라는 1차, 2차, 3차 산업 혁명이 짧은 시기에 집중적으로 발생했습니다. 대략 1960년 이후부터 시작되었다고 했을 때, 60년 안에 이 모든 산업 혁명을 경험한 것입니다. 그런데 산업 혁명이 발생할 때마다 수많은 직업이 없어지고, 동시에 새로 생겨났습니다. 몇 가지 예를 들어 보겠습니다. 과거에는 법원 근처에 '대서소'라는 간판이 매우 많았습니다. 다른 사람들을 대신해서 서류를 작성해 주는 곳이었지요. 예전에는 법 관련 서류들의 경우 대부분 자필로 작성해야 했고, 한자가 많아서 일반인들이 작성하기에 매우 힘들었습니다(이런 이유로 학창 시절 글을 반듯하게 쓰는 것을 모범 학생의 한 기준으로 생각하기도 했지요). 어찌 되었든 컴퓨터의 한글 문서 프로그램이 등장하고 인터넷이 활발해지면서 이런 직업은 서서히 사라졌습니다.

종이 신문 시장도 그렇습니다. 불과 10년 전만 하더라도 출근길에 종이 신문을 사서 보는 것은 일상적인 풍경이었습니다. 그러나 지금은 종이 신문을 보는 사람을 만나기 어렵습니다. 종이 신문 가구 구독률을 살펴보면 매우 충격적입니다. 1993년 가구당 구독률이 63.0%였지만 2017년에는 9.9%로 하락한 것으로 나타났습니다. 연령별로 살펴보면 50대(13.7%)와 60대 이상(16.1%)은 두 자릿수를 유지하고 있지만, 30대(4.0%)와 20대(3.9%)는 사실상 구독을 거의 하지 않는 것으로 나타나고 있습니다.* 이 통계를 보면, 향후 10년 안

* 김춘식, 「구독률 9.9%와 종이 신문의 생존 전략」, 〈한국기자협회〉, 2018년 3월 27일.

에 종이 신문이 어떤 운명을 맞이하게 될지 장담하기 어렵습니다. 반면 스마트폰 중심의 모바일 매체는 폭발적으로 늘고 있지요. 최근 젊은 층들은 유튜브, 팟캐스트, 페이스북 등 새로운 뉴미디어를 통해 뉴스를 비롯한 다양한 정보를 소비하고 있습니다. 이러한 뉴미디어는 머지않아 전 세대를 아우르지 않을까 생각합니다.

이처럼 직업도 산업 혁명이라는 급격한 변화로 인해 큰 영향을 받습니다. 그런데 이러한 변화를 인식하지 못한 채 한 가지 직업만을 고집한다면 조만간 실업이라는 고통을 경험하게 될 수밖에 없겠지요. 이것이 우리 앞에 바짝 다가온 4차 산업 혁명을 대비해야 하는 이유입니다.

그렇다면 4차 산업 혁명은 무엇일까요? 쉽게 말해 인공 지능이 인간의 지식을 대신해 주는 것을 의미합니다. 그 어떤 산업 혁명보다도 큰 충격파를 줄 것입니다. 운전, 조종, 통역 및 번역, 회계, 펀드 매니저 등 수많은 직업군에서 고용 인원을 대폭 줄일 가능성이 높습니다. 반면 인공 지능을 관리하거나, 인공 지능이 대신할 수 없는 분야가 새롭게 등장하겠지요. 이 분야는 최첨단 과학 분야가 될 수도 있고, 인간 소외 문제를 다루는 극히 원초적이고 인간적인 분야일 가능성도 있습니다. 가령 독거노인의 생활을 관리하는 인공 지능이 만들어지고, 그 프로그램을 총괄하는 복지 담당 직원이 생겨날 수 있겠지요. 이 직업을 갖기 위해서는 사회 복지 업무를 진행하는 동시에 관련 프로그램을 관리할 수 있는 능력을 함께 가지고 있어야 가능할 것입니다. 또는 인간의 마음을 위로하는 심리 전문가, 오지 탐험 여행사, 1인 가구를 위한 산업, 평생 교육 전문가 등도 그동안 존재했지만 주목받지 못했던 분야가 새롭게 떠오를 수도 있습니다.

여기서 구체적으로 어떤 직업을 선택하라고 말하기는 어렵습니다. 다만 앞에서 강조했듯 공감 능력과 자존감, 그리고 신뢰성과 도전 정신이 있는 사람이 4차 산업 혁명 시대에 적합한 인재일 가능성이 높다는 것은 분명합니다. 우리 아이가 학교 공부에는 관심 없고, 늘 엉뚱한 곳에만 관심을 기울이고 있습니까? 무작정 아이에게 공부를 강요하지 말고, 아이가 어떤 것에 관심이 있는지 아이의 적성을 먼저 파악하려고 노력해 주세요. 아이의 엉뚱한 생각이 4차 산업 혁명 시대를 이끄는 새로운 분야의 토대가 될 수도 있습니다.

### 공익과 이익의 융합 '소셜 벤처'를 눈여겨봐라

소셜 벤처는 사회적인 문제 해결을 위해 설립된 사회적 기업을 의미합니다. 4차 산업 혁명 시대에 소셜 벤처에 주목해야 하는 이유는, 기술 혁신은 결국 사람의 삶을 한 단계 끌어올리는 방향으로 갈 수밖에 없기 때문입니다. 즉, 인공 지능 기술은 소셜 벤처라는 목표를 통해 발전할 가능성이 높습니다.

과거에는 공익과 사익을 명백히 구분했지만 앞으로는 두 영역의 경계가 사라질 것입니다. 배우 제시카 알바는 2012년 1월 '어니스트 컴퍼니'라고 하는 소셜 벤처를 설립했습니다. 이 회사는 기저귀, 로션, 샴푸 등 친환경 무독성 원료만을 사용한 유아용품을 판매하는데, 고객이 물품을 구입할 때마다 자사 제품을 영·유아를 보호하는 기관에 기부합니다. 또한 주문 제작 및 직접 판매 방식을 고집해 유통에서 발생하는 불필요한 낭비를 없앤 대신, 친환경 무독성 식물성 원료 개발과 활용에 투자하고 있지요.

제시카 알바는 2013년 서울디지털포럼SDF에 참여해 회사 설립을 결심한 계기로 "두 딸의 엄마로서 안전하고 믿을 수 있는 제품의 필요성을 실감한 것이 가장 큰 동기 부여가 됐다. 학습 장애, 천식, 비만, 암 등으로 이어질 수 있는 독성 화학 물질이 포함된 제품을 우리 아이들이 사용하는 것을 원치 않았기 때문"이라고 밝혔습니다.* 2018년 6월에는 사모펀드 회사인 엘캐터톤L Catterton으로부터 약 2100억 원의 투자를 유치하기도 했습니다.

한국에서도 소셜 벤처 바람이 불고 있습니다. 소셜 벤처 육성 기관이자 투자 회사인 에스오피오오엔지sopoong는 2018년 상반기를 기준으로 36개의 소셜 벤처에 투자하고 있습니다. 에스오피오오엔지가 투자하고 있는 기업 몇 가지를 살펴보도록 하겠습니다.

* 정환용, 「SDF, 어니스트 컴퍼니 공동 창립자 제시카 알바&브라이언 리 공동 대담」, 〈스마트PC사랑〉, 2013년 5월 3일.

□ 꼬마농부

환경, 생태, 먹거리에 대한 관심을 기반으로 커피 찌꺼기를 재활용한 '지구를 구하는 버섯 친구' 생태 키트를 개발했습니다. 일반 쓰레기로 취급되는 커피 찌꺼기는 카페인 때문에 그냥 매립하거나 퇴비로 사용하기에는 땅속 생물과 식물에 안 좋은 영향을 미쳐 처리 방법이 무척 모호했습니다. 그런데 버섯 균이 커피 찌꺼기에 있는 카페인을 분해해 주기 때문에, 버섯을 키우고 수확한 후에는 퇴비로 전환이 가능했지요. 커피 찌꺼기를 버섯을 키우는 데에 활용하고 다시 흙으로 돌려주는 순환을 꾀함으로써 지구 온난화를 줄이는 데에 일조를 하고 있습니다.

□ 맛있저염

콩팥병(만성 신부전)을 앓고 있는 고객들의 데이터를 분석해 건강 상태에 맞는 맞춤형 식단을 정기 배송하는 기업입니다. 콩팥병의 경우 단순한 저염이 아닌 모든 식자재와 조미료 속 영양 성분을 고려한 식단을 제공해야 하기 때문에 임상 영양학상 최고 난이도의 질병으로 꼽힙니다. 식이 요법으로 어려움을 겪고 있는 콩팥병 환자들의 건강 유지에 도움을 주며, 질병 진행 속도를 늦춰 의료비에 따른 사회·경제적 비용을 감소시킵니다.

□ 팩토리얼

공산품 직거래 플랫폼 '단골공장'을 운영하는 기업입니다. 생산 공장들이 자체 기술을 기반으로 제품 출시를 할 수 있도록 돕거나, 기존 제품의 복잡한 유통 과정을 줄여 소비자들이 합리적 가격에 양질의 제품을 접할 수 있는 구조를 만듭니다.

□ 농사펀드

농부들이 빚을 지지 않고 농사를 지을 수 있도록 선 주문자(투자자)와 농부를 연결해 주는 크라우드 펀딩 플랫폼입니다. 소비자가 보낸 투자금으로 농부는 소신껏 농사를 짓고, 소비자는 유통 비용이 줄어든 건강하고 합리적인 농산물을 받을 수 있습니다.

□ 라스트오더

당일 판매가 되지 않으면 버려질 수밖에 없는 음식을 할인가에 판매하는 기업입니다. 업주는 판매하지 못하여 폐기 예정인 음식을 30~70%가량 저렴한 가격으로 소비자에게 공급하고, 소비자는 부담 없이 당일 만든 신선한 음식을 구매할 수 있습니다.

※ 에스오피오오엔지 홈페이지 참조

에스오피오오엔지에서 투자하고 있는 소셜 벤처 기업들을 보니까 어떻습니까? 대부분 혁신적인 아이디어와 기술로 사회를 변화시킬 수 있는 기업들이지 않습니까? 이렇듯 앞으로 기업도 이윤만을 고집하면 살아남기 쉽지 않습니다. 기업의 이익과 사회적 이익이 합치되어야, 기업 유지의 명분이 생기는 것이지요. 이런 정신이 합치되는 기업들은 향후 성장 가능성이 매우 높습니다.

4차 산업 혁명 시대는 소셜 벤처를 내세우는 기업들이 많이 나올 것이며, 이 기업들이 만들어 내는 혁신적인 기술들은 인간의 삶을 좀 더 풍족하게 만들어 줄 것입니다. 소셜 벤처가 아닌 일반적인 기업들도 공익적 가치를 드러낸다면 시장에서 충분히 환영받을 수 있습니다. 가령 유한킴벌리라는 회사는 일회용 기저귀, 생리대 등을 판매하는 회사입니다. 환경오염의 주범인 일회용품을 판매하니 좋은 이미지는 아니었지요. 그런데 1984년부터 회사 구호를 '우리 강산 푸르게 푸르게'로 정하더니 매년 나무 심기 행사를 하는 등 공익적 활동을 시작했습니다. 이러한 마케팅을 통해 사람들에게 유한킴벌리를 단순히 일회용품을 만드는 기업에서 오히려 환경을 생각하는 기업이라는 좋은 인식을 심어 주었다고 생각합니다.

이처럼 향후 기업의 사회적 역할을 설계해 주는 것도 중요한 직업이 될 것 같습니다. 그리고 소셜 벤처는 머지않아 우리 기업 문화를 이끄는 문화가 될 것입니다. 그러므로 앞으로의 직업 선택 기준에서 소셜 벤처를 눈여겨보고 주목해야 할 것입니다.

### 평생 학습으로 숨겨진 적성을 일깨우라

4차 산업 혁명은 사람의 두뇌 중 상당 부분을 인공 지능이 대행

할 것입니다. 학교에서 교육받았던 암기 및 외국어 해석, 수학 문제 계산 등을 인공 지능이 대신해 주는 것이지요. 그러면 인공 지능이 있으니 사람은 배움을 그만해도 되는 것일까요? 역설적이게도 4차 산업 혁명 시대는 평생 학습의 필요성이 더욱 커지고 있습니다.

통계청이 발표한 2018년 5월 경제 활동 인구 조사 고령층 조사를 살펴보면, 은퇴 연령기(65~79세) 인구 576만 5,000명 중 취업자는 38.3%인 220만 9,000명이었습니다. 단순 노무가 36.1%로 가장 많았고, 농림 어업 숙련 종사자(26.1%), 서비스 · 판매 종사자(16.3%), 기능 · 기계 조작 종사자(13.6%)순으로 나타났습니다.* 통계를 보면 대부분의 고령층이 자신의 경력과 전문성을 살리는 일에 종사하지 못하고 있음을 알 수 있지요.

정규 교육으로 배웠던 기술로는 변화하는 환경과 100세 시대를 대비할 수 없습니다. 이에 따라 평생 학습의 필요성이 제기되고 있는 것이지요. 지방 자치 단체들도 평생 학습에 대한 조례를 만들어 평생 학습을 지원하고 있습니다. 자치법규정보시스템 홈페이지에서 '평생 학습'으로 검색하면, 600건이 넘는 조례가 검색됩니다. 경기도 광명시는 '광명 글로벌 평생 학습 특구 운영에 관한 조례'를 제정하며 시 전체가 평생 학습 활성화를 위해 노력하고 있습니다.

* 정원석, 「은퇴 연령기 65세 이상 고령 노인, 10명 중 4명 '취업 중'」, 〈조선비즈〉, 2018년 7월 24일.

서울시의 경우 평생 교육 대학인 자유시민대학을 2022년까지 100개로 늘리겠다고 밝히기도 했지요.

그러면 평생 학습은 언제부터 시작해야 할까요? 평생 교육이란 단어처럼 대학생, 미취업자, 취업자, 은퇴자 가릴 것 없이 지금 당장 시작해야 한다고 생각합니다. 조금이라도 평생 학습을 빨리 시작한다면, 자신도 모르고 있었던 또 다른 적성을 발견할지도 모릅니다. 어떤 것을 공부해야 하는지 잘 모르겠다면, 자신이 전공했던 학문과 전혀 다른 분야를 선택하라고 권하고 싶습니다.

개그맨 박성광 씨가 영화감독으로도 활동하고 있다는 사실을 혹시 알고 있나요? 박성광 씨는 현재 두 작품을 연출했는데, 박성광 씨가 주연 배우까지 겸하며 연출한 첫 번째 영화 〈욕〉은 독일에서 판권을 구입해 독일 지하철 등에서 상영되고 있다고 합니다. 또한 두 번째 작품 〈슬프지 않아서 슬픈〉으로 미추홀 필름 페스티벌에서 연출상을 수상하며 재능을 인정받기도 했지요. 박성광 씨는 영화감독이라는 제2의 직업을 갖기 위해 꾸준히 공부했다고 밝혔습니다.

다음daum 창업자로 유명한 이재웅 씨도 차량 공유 스타트업 쏘카 대표로 10년 만에 경영 현장에 복귀해 화제가 되기도 했습니다. 큰 기업을 창업하고 성공시킨 기업인이 은퇴 후 다시 스타트업에

** 김두일, 「주용태 서울시 평생 교육국장 "2022년 시민대학 100개소 운영 민관 상생 평생 학습 생태계 조성"」, 〈파이낸셜뉴스〉, 2018년 5월 3일.

도전하는 것은 매우 이례적인 일이지요. 이재웅 씨는 한 언론과의 인터뷰에서 "사회적으로 혁신적 스타트업이 줄어드는 상황이 안타까웠다. 새로운 혁신 역량 기업이 나올 수 있다면 그것만으로도 내가 복귀할 이유가 충분하다고 생각한다."라고 소신을 밝히기도 했지요.*

이렇듯 한 분야에서 성공을 거둔 후에도 제2의 직업을 갖기 위해 노력하는 사람들이 많이 있습니다. 이들을 보면 요즘 유행하고 있는 '인생 이모작'이라는 말이 떠오릅니다. 희망제작소라는 시민단체가 가장 먼저 사용한 구호로, 인생에서 직업이라는 농사를 두 번 지어야 한다는 뜻이지요. 서울특별시 교육청에서는 퇴직 교직원을 위해 인생 이모작 센터를 설립하기도 했습니다. 현재 4차 산업 혁명은 시작되었고 향후 더욱 고도화될 것이 자명한 만큼, 앞으로 인생 삼모작, 사모작이 나와야 합니다. 이를 위해서는 평생 배우는 것을 놓지 않고 즐기면서 살아야 합니다.

청년 실업이 지금처럼 높아진 이유는 계속 강조했듯이 공무원, 대기업, 각종 자격증 등 정규화된 통로에 너무 많은 사람들이 몰렸기 때문입니다. 인공 지능이 빠른 시간 내에 우리가 종사하고 있는 직업을 잠식할지 모릅니다. 우리 아이들이 살아갈 시대에는 지금보다도 더욱 변화가 빠를 것이며, 그 변화에 대응하지 못하면 실업

* 이선희, 「창업 고민하는 사람 많아야 세상 바뀌어」, 〈매일경제〉, 2018년 7월 29일.

이라는 큰 고통을 경험하게 되겠지요. 그러므로 정규 교육만으로는 더 이상 여러분과 우리 아이들의 미래를 담보할 수 없다는 것을 분명히 인지하고, 평생 학습으로 자신만의 적성과 기술을 찾고, 창조적인 방법으로 일자리를 만들어 내야 합니다. 지금 바로 집 주위에 있는 평생 학습 센터에 등록하길 권합니다.

평생 학습 관련 홈페이지

| | |
|---|---|
| ■ 서울특별시 평생 학습포털 | http://sll.seoul.go.kr |
| ■ 서울특별시 교육청 평생 학습포털 | http://everlearning.sen.go.kr |
| ■ 인천광역시 평생 학습관 | http://www.ilec.go.kr |
| ■ 수원시 평생 학습관 | https://learning.suwon.go.kr |
| ■ 성남시 평생 학습관 | http://lll.seongnam.go.kr |

# 자존감과 공감 능력을 키워 주는 책과 영화

최근 글쓰기 열풍이 불고 있습니다. 서점에 가면 글쓰기와 관련된 책들도 많이 보입니다. 매우 바람직한 현상이라고 생각합니다. 이제는 누구나 마음만 먹으면 글을 쓸 수 있는 시대입니다. 글을 쓴다는 것은 생각을 정리한다는 것을 의미합니다. 어떤 분야에 대해서 글을 쓰다가 한 페이지도 못 나가고 막혔다면 생각이 정리되지 않았다는 뜻입니다. 지금 당장 우리 아이들이 어떻게 살아갔으면 좋겠는지 써 보기 바랍니다. '좋은 대학 가서 결혼 잘 하고……'와 같이 막연한 바람을 쓰다가는 아마 종이 한 장도 채우지 못하고 막힐 가능성이 높습니다.

글을 잘 쓰려면 책을 많이 읽어야 합니다. 좋은 글을 많이 읽고, 감동도 받아 보아야 글이 새로워집니다. 그냥 책을 읽지 말고, 좋은 책을 읽기 바랍니다. 그렇다면 우리는 어떤 책을 읽어야 할까요? 제가 책을 고르는 법을 공유하자면, 우선 문장이 간결하고 쉬워야 합니다. 글을 어렵게 쓴다는 것은 생각이 복잡하다는 뜻입니다. 생각이 전혀 정리되지 않았다는 뜻이지요. 아니면 번역체 문장에 익숙해져서 어려운 글이 됩니다. 굳이 어려운 책을 독파하려고 노력할 필요 없습니다. 쉽게 써진 책 중에도 읽어야 할 것들이 너무 많습니다.

또한 자신의 직업 현장을 진솔하게 풀어낸 책도 좋다고 생각합니다. 세상은 누군가의 수고와 고생으로 돌아가고 있습니다. 우리가 편안하게 자고 있을 때에도 경찰서와 병원, 소방서에서는 밤새 전쟁 같은 일들이 벌어지고 있습니다. 우리는 그런 손길을 너무 쉽게 잊어버리고 살아가고 있지요. 평소 좋은 직업인 줄만 알았던 의사의 삶을 책에서 보고 충격을 받았던 적이 있습니다. 응급실의 경우에는 지옥이라고 불러도 좋을 정도로 최악이었습니다. 이런 충격은 공감 능력을 키워 주는 좋은 매개체입니다. 다른 분야의 직업에 종사하는 분들에게 항상 존경의 마음을 가지게 만들어 주지요.

마지막으로 재밌어야 합니다. 책이라고 생각하면 따분하고 힘든 것이라고 떠올리기 쉽습니다. 그러나 세상에는 재미있는 책이 수없이 많습니다. 독일 가는 비행기 안에서 박민규 작가의 소설을 읽다가, 웃음을 참느라 고생했던 기억이 납니다. 책을 보면서 웃고 울어 본 경험이 있는 사람은 책을 사랑하게 됩니다. 좋은 책을 읽을 때 느껴지는 '글맛'은 어떤 쾌감보다 큽니다. 제가 살면서 엄청난 글맛을 느꼈던 책 몇 권을 소개하고자 합니다. 책만 소개하기 아쉬워서 영화도 몇 편 소개하고자 합니다. 영화는 특이한 매체입니다. 2시간 동안, 폐쇄된 공간에서 몰입하게 만들지요. 좋은 영화를 볼 때 받는 감동은 엄청납니다. 아이들에게 좋은 영화를 많이 보여 주기 바랍니다. 영화로 감동받은 마음은 평생을 살아갈 힘이 됩니다.

### 도서

■ 박경철, 『시골의사의 아름다운 동행 1, 2』

출간된 지 10년도 넘은 책이지만, 제 생애 최고의 책입니다. 책을 펴는 순간, 시골 병원에서 일어나는 일들을 현장에 있는 것처럼 생생하게 느낄 수 있습니다. 너무 재미있다가도, 충격적인 반전에 책을 놓고 멍하니 앉아 있게 되기도 하지요. 이 책은 참혹한 농촌의 현실을 가장 현실적으로 보여 줍니다.

아름다운 예비 신부가 결혼을 앞두고 한쪽 다리를 절단하게 된 사연, 치매에 걸려 사랑하는 손자를 참혹한 죽음에 이르게 한 사연 등 책에서 소개한 이야기들은 며칠 동안 가슴을 먹먹하게 만듭니다. 우리가 책을 읽어야 하는 이유는 많이 있지만, 이 책은 특히 의사라는 직업이 얼마나 치열하고, 힘든 직업인지 깨닫게 합니다. 에

피소드 하나하나마다 울고 웃게 하고, 때로는 충격에 말을 잇지 못하게 합니다. 두 권의 책을 읽고 나면 삶이 무엇인지 알게 될 것입니다. 인생을 살아가는 것 자체가 기적이라는 것을요.

■ 남궁인, 『만약은 없다』 『지독한 하루』

우리가 편안한 밤을 보내고 있는 동안 총탄과 살점이 튀는 전쟁터를 경험하는 곳이 있습니다. 바로 응급실입니다. 응급의학과 의사인 저자는 응급실을 지옥의 현장이라고 표현합니다. 덤덤한 눈빛으로 환자를 보고 있지만, 마음속에는 온갖 음성들이 들려옵니다. 어디부터 치료해야 하는지, 우선순위가 무엇인지 되새기며 치열한 밤을 보냅니다. 냉정한 얼굴을 한 의사도 무섭고 도망가고 싶을 때가 있을 것입니다. 하지만 의사는 죽음을 향해 걷고 있는 환자를 이승의 세계로 필사적으로 이끌어야 합니다.

칼에 찔려 복강을 관통당한 조직폭력배를 치료하는 과정에서 부하 조직폭력배들과 벌인 사투는 영화의 한 장면 같습니다. 치열한 치료와 조직폭력배들의 방해가 의사를 극한의 상상으로 내몰게 합니다. 뒤에서 날아오는 구타를 견디면서 환자를 지켜 내야 하는 상황은 어떤 공포 영화보다 더 소름 끼칩니다.

뇌가 피로 가득 차 있는 갓난아이의 머리가 아버지의 구타 때문이라는 사실을 알게 되었을 때, 의사로서 느끼는 무력감을 토로하는 부분을 읽을 때에는 저도 모르게 눈물을 흘리고 말았습니다. 믿기 어려울 정도로 가슴 아픈 이야기이지만, 매일 벌어지고 있는 이 현실은 어떤 서사보다 사실적이고 극적입니다.

이 책을 보며 우리는 삶에 늘 겸손해야 한다고 생각했습니다. 무엇보다 의사라는 직업인에 대한 미안함과 감사함을 가지게 되었지요.

■ 조남주, 『82년생 김지영』

남성으로 살아가다 보니, 여성의 삶을 이해하지 못할 때가 많습니다. 가끔 퇴근하다가 보면 골목길에서 불안한 표정으로 빠르게 걷는 여성들을 보게 됩니다. 뒤에는 어김없이 남성 무리가 있지요. 남성들이 특별히 위협적인 제스처를 한 것은 아니지만, 험난한 세상에서 여성에게는 뒤에 누군가 있다는 것 자체가 공포로 다가오는 것입니다. 살아가면서 느끼는 일상의 공포, 남성들은 그것을 이해하지 못합니다. 강남역에서 화장실에 들어온 어느 한 여성을 무자비하게 살인한 사건이 있었습니다. 그저 화장실을 이용했을 뿐인데 말입니다. 게다가 범인은 피해자보다 먼저 화장실을 이용한 남성들은 모두 그냥 보내고 여성이 오기만을 기다렸다가 범행을 저지른 것으로 드러났지요. 많은 여성들이 이 사건에 분노하며 시위를 벌였습니다. 꽃 같은 나이에 그녀는 왜 죽어야 했을까요?

여성은 세상 인구의 반을 차지하지만, 그들이 느끼는 공포는 수십 배 더 큽니다. 이 책은 1982년생인 김지영 씨가 어느 날 갑자기 이상 증세를 보이면서 이야기가 시작됩니다. 시댁 식구들이 모여 있는 자리에서 친정 엄마로 빙의해 본심을 뱉어 내고, 남편의 첫사랑으로 빙의해 아내에게 잘하라는 이야기도 하지요. 이를 이상하게 여긴 남편이 지영 씨의 정신 상담을 주선하고, 지영 씨는 정기적으로 의사를 찾아가 자신의 삶을 이야기하는 것으로 소설은 진행됩니다.

이 책은 여성이라는 이유 하나만으로 태어나면서부터 받아 온 차별을 주인공인 김지영 씨의 삶을 통해 보여 줍니다. 친척들, 술자리, 심지어 택시 안에서도 느끼는 일상적 차별을 1인칭 시점으로 생생하게 서술하고 있습니다. 그래서 마치 소설을 읽고 있는 독자가 주인공 김지영이 된 것처럼 느껴지지요. 이 책이 여성뿐 아니라 많은 사람들에게 읽혀야 하는 이유는, 한 여성이 사회를 살아가면서 겪는 수없이 많은 차별을 세세히 묘사해 주기 때문입니다. 이 책을 읽으면서 그들이 느꼈던 차별에 이해하고 공감할 수 있게 됩니다. 남성과 여성은 함께 살아가야 할 존재입니다. 사회적 약자인 여성들의 차별과 공포를 이해해야 서로를 배려하고 존중하며 더불어 사는 세상이 가능해집니다.

■ 이건범, 『파산』

사람이 죽음을 두려워하는 이유는 사후 세계에 대한 기록이 없기 때문입니다. 종교만이 그 영역을 설명하고 있지만, 이는 믿음의 영역이지, 객관적 사실이라고 보기 어렵습니다. 인생에서도 성공의 미담은 수없이 존재하지만, 실패를 담담히 기록하고 있는 것은 찾아보기 힘듭니다. 그래서 많은 사람들이 미지의 세계인 죽음과 실패를 두려워하지요.

2014년 겨울, 저는 창립하기 전부터 모든 에너지를 쏟아 왔던 시민 단체를 그만두기로 결심했습니다. 그 누구도 사직을 권유하지 않았지만 스스로 매우 지쳐 있었습니다. 그러나 사직 이후 어떻게 밥벌이를 할지 난감하고 두려웠습니다. 밤잠 설치기를 여러 날, 언론을 통해 낯선 제목의 이 책을 접했습니다.

대학 시절 치열한 학생 운동으로 두 번의 수감 생활을 하고, 이후에는 사업가로 명성을 날렸던 저자는 이 책에 자신의 성공담이 아니라 실패담을 담아냈습니다. '아리수'라는 디지털 콘텐츠 기업을 창업한 후 정점의 순간부터 파산에 이르는 과정을 기록했지요. 이 심각한 스토리에도 개그 코드를 심어 놓아, 책을 읽는 동안 몇 번이나 웃음이 터져 나왔습니다.

저자는 시각 장애인입니다. 저자는 사람들이 장애인을 이 세상과 동떨어져 사는 특이한 종족이라고 여기며 어울리기를 꺼리듯 실패나 파산을 혐오하고 외면한다고 역설합니다.

저는 이 책을 읽으며 사직 이후 살아갈 자신감이 생기기 시작했습니다. 실패의 과정을 기록한 책이 도전 의식을 불태우는 기묘한 아이러니를 경험한 것입니다. 물론 단체를 떠난 후, 힘들고 지치게 하는 일이 널려 있었지만 그 과정도 이 책 덕분에 잘 이겨 나갔습니다. 성공 스토리는 쉽게 왜곡되고 영웅시됩니다. '헬조선'의 현실을 견뎌 내고 있는 사람들은 이런 신화에 지쳐 있습니다. 실패를 담담히 기록한 이 책을 통해 자신의 미래를 점검하고 예측해 보는 것도 좋을 듯싶습니다.

■ 김홍모, 『좁은 방』

대부분 아름다운 기억으로 남아 있는 대학교 시절을 수배령에 쫓기고 구치소에서 보낸 사람이 있습니다. 그것도 전두환 군부 독재 정권에 맞서 싸웠던 1980년대가 아니라, 민주화 바람이 불었던 1990년대 이야기입니다. 1990년대 대학 캠퍼스에서도 대학생들은 죽었고, 구속당했습니다. 이 책은 대학생 용민이가 학생 운동을 하다 반년 넘게 수배 생활을 하고, 9개월 동안 구치소 생활을 하게 된 과정을 생생하게 묘사하고 있습니다. 구치소의 인권 개선을 위해 투쟁하는 장면은 가히 압권이라고 할 수 있습니다.

"네가 뭘 잘못했다고 저놈들한테 그런 걸 쓰냐?"라며 구치소에 면회 온 아버지가 운동권 탈퇴서를 쓰지 말라고 하던 장면은 가슴을 뭉클하게 만듭니다. 이 책은 구치소로 시작해, 대학교 운동권 시절 이야기, 가난한 가정 형편으로 육성회비를 내지 못해 선생님에게 맞은 사연, 삼수 끝에 들어간 대학교에 실망한 이야기들을 다양하게 담아내고 있습니다. 이 시절 서태지와 X세대 놀이에 빠져

술과 춤으로 보냈던 저는 이 책을 읽으며 많이 부끄러웠습니다.

이 책은 1시간이면 다 읽을 수 있는 만화책이지만 그 감동은 몇 달이 지나도 잔상처럼 남습니다. 치열하게 삶을 산다는 것이 무엇인지 느끼게 해 주는 소중한 책이지요. 아이들과 함께 이 시절 어떤 일들이 있었는지 차분하게 들려주면서 민주화가 무엇인지, 이를 위해 많은 사람들이 어떠한 노력을 했는지도 함께 이야기 나누면 좋을 것 같습니다.

■ 김웅, 『검사내전』

책을 펴는 순간, 글맛에 빠져 그 이야기에서 헤어 나오지 못하는 경우가 있습니다. 현직 검사가 쓴 이 책은 검사와 피의자 간 치열한 수 싸움은, 이세돌과 커제의 바둑 대결을 보는 듯한 긴장감을 선물합니다. 검사는 피의자가 거짓말하는 것을 밝혀야 하고, 반대로 피의자는 검사를 속여야 합니다. 책 내용 중에 사기꾼 할머니가 자신의 범죄 사실이 드러나려고 하자, 입에 거품을 물고 쓰러지는 부분이 나옵니다. 그 순간 검사는 머릿속이 까맣게 변하면서 당황하지만, 순간적으로 환자 입에서 나는 냄새를 맡게 됩니다. 그 냄새는 검사가 평소 좋아했던 세탁 세제의 냄새였지요. 할머니는 경련을 일으키며 혼신의 연기를 펼치지만 검사는 "할머니, 옥시크린 언제 넣어 드릴까요?"라는 말로 거짓 경련을 진압합니다.

책은 저자가 검사 생활을 하면서 직접 겪은 흥미로운 이야기로 가득 차 있습니다. 억척스럽게 살아가는 영민이라는 청년이 신혼 전셋집 보증금을 사기꾼 건물 주인으로 인해 모두 날리는 이야기는 법이 얼마나 허술한지 보여 줍니다. 책 후반부에는 법을 다루는 검사가 법의 허점을 날카롭게 파고듭니다. 또한 작가는 "헬기로 이송했더라면 생명을 구할 수 있었을지도 모른다는 이유만으로 엄청난 손해 배상 책임을 지우는 판결이 나오자 대부분의 병원들은 그다지 급하지 않은 상황에서도 헬기를 불러 환자를 이송하게 되는 것입니다." 라며 미국의 소송 만능주의가 미국 의료비를 어떻게 상승시켰는지도 보여 주지요. 이 비용들은 모두 환자의 몫이지요.

이 책은 사회생활을 시작하는 모든 청년들이 꼭 읽어야 할 필독서라고 생각합니다. 법을 교묘히 피해 사람들의 등골을 빼먹는 현실을 낱낱이 보여 줍니다. 책의 내용도 훌륭하지만, 책이라는 매체가 사람을 얼마나 즐겁게 해 줄 수 있는지 경험할 수 있을 것입니다.

■ 구본권, 『로봇 시대, 인간의 일』

도대체 4차 산업 혁명이 무엇일까요? 만약 무인 자동차 시대와 기계가 운전을 하게 되면 이 사회에 유토피아가 오게 될까요?

* 김웅, 『검사내전』, 부키, 2018년, 285쪽.

"1968년 제정된 도로 교통에 관한 국제 협약은 모든 차량에는 운전자가 있어야 하며, 운전자는 필요한 조작을 위해 모든 상황에서 차량을 제어할 수 있어야 한다고 명시하고 있습니다."*

무인 자동차와 유인 자동차, 무인 자동차와 무인 자동차, 무인 자동차와 사람 간에 사고가 발생하면 누가 책임을 져야 할까요? 만약 무인 자동차의 과실이 입증되면 더욱 복잡해집니다. 다시 제조사, 부품 공급 업체, 소프트웨어 업체 등 어디에 책임을 물어야 될지 가려야 하니까요.

스마트폰, 소셜 미디어, 클라우드 서비스, 빅 데이터, IoT 등이 쏟아지고 있습니다. TV 광고에는 연일 인공 지능 스피커에 말을 거는 장면들이 나옵니다. 모두 얼떨떨한 일상이지만, 조금만 생각해 보면 기술은 과거에도 발전해 왔습니다. 불과 20년 전만 하더라도, 낯선 곳을 운전하려면 종이 지도에 의지해서 갈 수밖에 없었습니다. 그러나 이제는 내비게이션에 목적지만 입력하면 쉽게 길을 찾을 수 있습니다. 또한 학생들 사이에서 영어 번역은 구글 번역기로 1차 번역을 하는 것이 상식처럼 되어 버렸고, 종이 백과사전 기능은 위키피디아가 대신하고 있지요.

이 책은 4차 산업 혁명이 무엇인지 잘 소개합니다. 〈한겨레〉 기

* 구본권, 『로봇 시대, 인간의 일』, 어크로스, 2015년, 39쪽.

자이자 한겨레 부설 연구소인 사람과디지털연구소 소장이기도 한 저자는 2015년부터 휴먼테크놀로지 어워드를 제정해 매년 수상작을 선정하고, 상을 수여하고 있기도 하지요. 4차 산업 혁명은 하늘에서 떨어진 것이 아니라, 치열한 기술의 혁신으로 만들어진 것입니다. 우리는 이것을 잘 활용하면 되는 것이지요. 이 책을 통해 그 활용법을 경험해 보기 바랍니다.

■ 김민철, 『모든 요일의 여행』

운명처럼 이 책을 만났습니다. 저자는 여행에 대한 사랑의 고백을 이 책을 통해 마음껏 하고 있습니다. 샘이 날 정도입니다. 저자의 남편은 책을 읽다가 아내가 좋아할 만한 구절이 나오면 옆에서 읽어 준다고 합니다. 또한 아내가 자신이 좋아하는 분야에 관심을 보이면, 입문서부터 구입해 아내에게 선물을 해 준다고 합니다. 책은 이 부부의 삶의 일부분이자 전부로 보입니다. 저자는 카피라이터로 활동하면서 다양한 상상력을 책에서 얻고 있다고 이야기하지요.

그리고 저자는 여행은 자신을 온전히 관찰할 수 있는 기회라고 역설하고 있습니다. 또한 각 여행지의 골목길에 대한 사랑을 표현하기도 합니다.

"나 거기 가 봤어,라는 말만큼 공허한 말은 없다고, 그러나 길을 건너 골목으로 들어가 보라고. 깊숙이 깊숙이 이름이 사라질 때까지…… 진짜 여행은 거기 있다고."*

작가는 책과 여행에서 자신을 오롯이 바라보는 법을 이야기하고 있습니다. 인생을 아름답게 즐기는 법도 이야기하지요. 책에 나오는 모든 에피소드와 고백이 마치 서정시처럼 아름다운 책입니다. 단점이라면, 자신의 삶을 너무 사랑해서 질투가 조금 느껴진다는 것입니다. 자신이 무엇을 원하는지 알고 싶으면 이 책을 펼치고 훌쩍 여행을 떠나 보면 좋겠습니다.

### 영화

■ 베넷 밀러 감독, 〈머니볼〉 (2011년 작)

2011년 제작된 이 영화는 실제 미국 프로 야구팀 오클랜드 애슬레틱스 단장인 빌리 빈을 모델로 한 영화이지요. 빌리 빈이 경제학을 전공한 피터를 팀에 영입하면서 발생하는 일들을 다루고 있습니다. 피터는 자신의 이론을 중심으로 야구에서 타율과 홈런이 중요한 것이 아니라, 출루율이 중요하다는 이론을 내세웁니다. 스카우트의 경력이나 직감이 아닌 오직 데이터를 중심으로 선수를 평

* 김민철, 『모든 요일의 여행』, 북라이프, 2016년, 207쪽.

가하는 것이지요.

그러나 야구계에 30년 넘게 있었던 스카우트를 비롯한 참모들이 일제히 반발하면서 영화는 빌리 빈이 겪는 고통을 여실히 보여 줍니다. 오클랜드 애슬레틱스 감독도 빌리 빈이 영입해 온 선수들을 경기에 기용하지 않으면서 온갖 갈등에 노출됩니다. 영화는 이런 반발에도, 빌리 빈이 집요하게 데이터 시스템을 정착시키는 것을 조명하고 있습니다. 기존의 시스템을 바꾸려면 온갖 핍박을 각오해야 한다는 것이지요.

이 영화가 감동적인 것은 빌리 빈의 사례를 자세히 취재해 묘사해 주고 있기 때문입니다. 영화 제목인 '머니볼Moneyball'은 빌리 빈이 주장한 야구단 운영 이론으로, 적은 비용과 높은 효율을 추구하는 방식을 말합니다. 빌리 빈은 경기 데이터 분석 자료를 바탕으로 저비용 · 고효율을 추구하는 경제학 원리를 야구단 운영과 선수 트레이드 등에 적용했습니다. 이 시스템의 도입으로 만년 최하위 팀 오클랜드 애슬레틱스는 정규 리그 20연승을 거두지요. 영화에도 그 장면들을 극적으로 표현하고 있습니다.

이 영화를 추천하는 것은, 기존에 고착되었던 관례를 깨지 않으면 성공을 거둘 수 없다는 것을 보여 주고 있기 때문입니다. 또한 그 과정이 얼마나 고통스러운지도 잘 나타나 있지요. 미래를 고민하고 있는 우리 아이들과 함께 감상하면 좋을 명작이라고 생각합니다.

■ 이성한 감독, 〈바람〉 (2009년 작)

개인적으로 이 영화를 스무 번쯤 본 것 같습니다. 지금은 스타덤에 오른 영화배우 정우를 비롯한 배우들이 보여 주는 탄탄한 연기력, 한 장면도 놓칠 수 없는 흡입력, 학창 시절 추억을 떠올리게 하는 에피소드, 뭉클한 감동까지 버릴 것이 하나도 없는 영화입니다. 불행하게도 이러한 명작이 극장에서는 10만 명 정도만 관람을 했습니다. 그러나 이 영화에 출연했던 연기자 대부분은 큰 성공을 거둡니다. 이후 〈응답하라 1994〉에 출연하며 손호준 씨를 포함해서요.

이 영화는 부모들이 반드시 봐야 할 영화라고 생각합니다. 특히 아들을 키우고 있는 어머님은 꼭 봐야 합니다. 남학생들이 사춘기를 거치면서 어떻게 성장하는지 생생하게 보여 주고 있습니다. 이 영화를 보고 깜짝 놀랐습니다. 출연자의 말투, 표정, 상황 등이 저의 고등학생 때와 너무나 흡사했기 때문입니다. 시대 차이가 있기는 하지만, 보통 남학생들은 중학교 3학년에서 고등학교 2년까지 많은 방황을 합니다. 저도 이 나이 때 남아도는 힘을 주체할 수 없어, 행인과 어깨만 부딪쳐도 눈빛으로 레이저를 발사했지요.

사춘기는 어른이 되는 과정입니다. 소위 술, 담배, 싸움 등 각종 탈선은 어른이 되는 과정에서 발생하는 감기와 같은 것입니다. 이 영화에서 정우가 고등학교 3학년이 되면서 변하는 모습을 보여 줍니다. 특히 아버지의 투병 생활과 죽음 이후에 정우가 아버지를 그리워하며 눈물을 흘리는 장면은 많은 감동을 주지요. 저 역시 이 영화를 보면서 만약 우리 아이들이 사춘기에 방황을 한다면 묵묵히 옆을 지켜 주고 싶었습니다. 성장한다는 것은 세상의 고통과 아픔을 알아가는 과정이니까요. 가장 가까운 부모가 성장의 고통을 알아주어야 아이들이 이 과정을 잘 견뎌 낼 수 있을 것입니다.

■ 토마스 맥카시 감독, 〈스포트라이트〉 (2015년 작)

우리가 마주하는 언론이 늘 진실한지에 대해서는 고민되는 지점이 많습니다. 또한 도대체 기자들은 어떻게 거대한 권력에 맞서 싸우고, 보도를 하는지 궁금할 때도 있지요. 세월호 참사 이후로 우리 사회에 언론에 대한 불신이 엄청나게 높아졌습니다. 4년이 지난 2018년 현재까지 세월호 참사의 본질은 여전히 밝혀지지 않았고요. 세월호 참사의 조사가 한창이었던 2016년, 이 영화가 우리 앞에 선물처럼 다가왔습니다.

이 영화는 미국의 3대 일간지 중 하나인 〈보스턴 글로브〉 내 스포트라이트 팀이 가톨릭 보스턴 교구 사제들의 아동 성추행 사건을 취재하면서 이야기가 전개됩니다. 아주 오랫동안 성당은 사제들이 범죄를 저질러도 피해자들과 합의하여 마무리를 짓고, 공개적인 형사 처벌을 피해 왔던 것이지요. 그러나 스포트라이트 팀 기자들은 종교라는 거대한 권력에 맞서, 사건의 실체적 진실에 접근하기 위해 치열하게 싸워 나갑니다.

영화는 그 흔한 액션 장면이나 감동적인 서사를 철저히 배제한

채, 오직 기자들의 진실을 향한 열정만을 표현하고 있습니다. 꼭꼭 숨겨진 증거를 수집하는 열정과 집요함, 증거로만 진실과 거짓을 분별해 내는 냉정함이 얼마나 중요한지 129분 동안 보여 주고 있지요.

그러나 저는 이 영화에서 다른 감동을 받았습니다. 우리 사회를 유지하는 것은 각자의 자리에서 철저히 프로 정신이 발휘되어야 가능하다는 점입니다. 언론이 권력 감시를 포기하고 권력과 야합하는 순간, 피해는 고스란히 우리 시민들에게 다가옵니다. 세월호 참사가 그 증거입니다. 직업은 단순히 생계를 위한 수단일 뿐만 아니라, 각자의 자리에서 자신의 책임을 다할 때 이 사회가 정상적인 기능을 할 수 있게 하는 역할까지 한다고 생각합니다.

■ 장준환 감독, 〈1987〉 (2017년 작)

1987년 1월 남영동 대공분실로 잡혀갔던 서울대학교 박종철 학생은 싸늘한 주검이 되어서 나옵니다. 당시 책임자들은 책상을 '탁' 하고 쳤더니, '억' 하는 소리와 함께 사망했다는 발표를 합니다. 이 영화는 물고문 중에 사망한 사건을 이런 말도 안 되는 변명으로 덮으려 했던 '박종철 치사 사건'을 다루고 있습니다. 박종철 학생의 죽음의 진실을 알리기 위한 언론사 기자의 집요한 추적, 자신이 본 장면을 촘촘하게 묘사한 의사, 죽음의 원인을 알게 된 교도관의 폭로 등 많은 의인이 나타나 1987년 6월 항쟁으로 이끌어

가는 장면들을 잘 보여 주고 있습니다. 그리고 6월 항쟁 중 직사 발사된 최루탄에 맞아 사망한 연세대학교 이한열 학생의 장면까지 생생히 묘사하고 있지요.

이 영화는 우리 자녀가 반드시 봐야 할 명작입니다. 민주주의가 정착되는 과정에 얼마나 많은 희생이 필요했는지 잘 보여 주고 있기 때문이지요. 어쩌면 2016년에 터졌던 촛불혁명을 떠올리며 공통점과 차이점을 느낄 수 있을 것 같습니다.

올바른 역사의식을 가져야 잘못된 역사를 반복하지 않을 수 있으며, 똑바른 가치관을 가질 수 있게 됩니다. 1987년 6월 항쟁은 우리에게 자랑스러운 역사입니다. 우리 아이들에게 반드시 물려주어야 할 자산이기도 하지요. 이 영화를 보고 나면 대한민국의 자랑스러운 민주주의 역사를 느낄 것입니다.

■ 전고운 감독, 〈소공녀〉 (2017년 작)

하루 한 잔의 위스키와 담배, 사랑하는 남자 친구만 있으면 세상을 다 가진 듯 행복하다고 느끼는 사람이 있습니다. 영화 주인공인 미소는 파출부로 일하지만, 일도 사랑도 자신만의 방식으로 살아가는 사랑스러운 사람입니다. 그런 그에게 딱 하나 부족한 것이 있습니다. 바로 편안히 머물 집이 없는 것이지요. 날이 갈수록 오르는 집세와 담뱃값 때문에 과거 대학교에서 만났던 선후배 친구들을 찾아가기로 합니다.

미소는 대학교 때 만났던 친구들을 그리워하며 찾아가지만, 그들의 삶도 녹록하지 않습니다. 동심은 사라지고, 현실에 지치고 찌든 친구들을 보게 되지요. 여성 사원으로 회사에서 버티기 위해 발버둥 치는 친구, 시집살이에 지쳐 고통받는 친구, 돈이 많은 남편과 결혼했지만 끊임없이 반복되는 감정 노동에 시달리는 친구, 이혼 위기에 몰려 폭음으로 하루하루를 버티는 후배 등 한 사람도 현실의 고통에서 자유롭지 않습니다. 정작 집이 없어 오갈 데 없는 사람은 주인공인 미소이지만, 미소는 그들을 위해 묵묵히 청소를 해 주고 밥을 짓습니다.

이 영화는 우리 사회의 청년, 특히 여성의 삶을 조명하고 있습니다. 미소의 시선에서 바라보는 그들은 돈과 직장, 집이 있지만 심적 여유를 가진 사람은 한 사람도 없지요. 반면 미소는 아무것도 가지지 않았지만, 한 잔의 위스키와 담배만 있으면 행복한 인생을 사는 넉넉한 사람입니다. 영화는 녹록하지 않은 현실과 미소의 따뜻한 마음을 함께 보여 줌으로써 더욱 몰입하게 만듭니다. 이 영화는 행복이란 무엇인지 다시 한 번 생각해 보는 시간을 마련해 줄 것입니다.